1

·	5	50
0	0	0
1	5	50
2	10	100
3	15	150
4	20	200
5	25	250
6	30	300
7	35	350
8	40	400
9	45	450
10	50	500

·	7	70
0	0	0
1	7	70
2	14	140
3	21	210
4	28	280
5	35	350
6	42	420
7	49	490
8	56	560
9	63	630
10	70	700

·	9	90
0	0	0
1	9	90
2	18	180
3	27	270
4	36	360
5	45	450
6	54	540
7	63	630
8	72	720
9	81	810
10	90	900

2

·	2	20	4	40	3	30	6	60
2	4	40	8	80	6	60	12	120
4	8	80	16	160	12	120	24	240
3	6	60	12	120	9	90	18	180
6	12	120	24	240	18	180	36	360

3

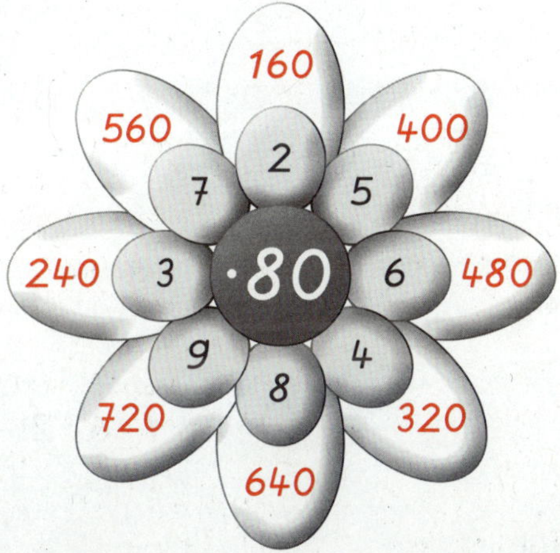

1

2 · 60 = 120
3 · 60 = 180
4 · 60 = 240

4 · 70 = 280
5 · 70 = 350
6 · 70 = 420

2 · 90 = 180
3 · 90 = 270
4 · 90 = 360

8 · 50 = 400
9 · 50 = 450
10 · 50 = 500

5 · 30 = 150
6 · 30 = 180
7 · 30 = 210

2 · 80 = 160
3 · 80 = 240
4 · 80 = 320

8 · 40 = 320
9 · 40 = 360
10 · 40 = 400

5 · 90 = 450
6 · 90 = 540
7 · 90 = 630

2

3 · 50 = 150
6 · 50 = 300

3 · 20 = 60
6 · 20 = 120

5 · 90 = 450
10 · 90 = 900

4 · 30 = 120
8 · 30 = 240

2 · 80 = 160
4 · 80 = 320

4 · 60 = 240
8 · 60 = 480

3

10 · 60 = 600
5 · 60 = 300

6 · 40 = 240
3 · 40 = 120

8 · 80 = 640
4 · 80 = 320

4 · 70 = 280
2 · 70 = 140

6 · 50 = 300
3 · 50 = 150

8 · 90 = 720
4 · 90 = 360

4

90 | 180 | 270 | 360 | 450 | 540 | 630 | 720 | 810 | 900

70 | 140 | 210 | 280 | 350 | 420 | 490 | 560 | 630 | 700

1

$3 \cdot 12 = 36$
$3 \cdot 10 = 30$
$3 \cdot 2 = 6$

$2 \cdot 16 = 32$
$2 \cdot 10 = 20$
$2 \cdot 6 = 12$

$4 \cdot 15 = 60$
$4 \cdot 10 = 40$
$4 \cdot 5 = 20$

$7 \cdot 14 = 98$
$7 \cdot 10 = 70$
$7 \cdot 4 = 28$

$5 \cdot 18 = 90$
$5 \cdot 10 = 50$
$5 \cdot 8 = 40$

2

$8 \cdot 24 = 192$
$8 \cdot 20 = 160$
$8 \cdot 4 = 32$

$5 \cdot 76 = 380$
$5 \cdot 70 = 350$
$5 \cdot 6 = 30$

$7 \cdot 35 = 245$
$7 \cdot 30 = 210$
$7 \cdot 5 = 35$

$4 \cdot 87 = 348$
$4 \cdot 80 = 320$
$4 \cdot 7 = 28$

$6 \cdot 93 = 558$
$6 \cdot 90 = 540$
$6 \cdot 3 = 18$

3

$5 \cdot 56 = 280$
$5 \cdot 50 = 250$
$5 \cdot 6 = 30$

$3 \cdot 68 = 204$
$3 \cdot 60 = 180$
$3 \cdot 8 = 24$

$8 \cdot 76 = 608$
$8 \cdot 70 = 560$
$8 \cdot 6 = 48$

$6 \cdot 84 = 504$
$6 \cdot 80 = 480$
$6 \cdot 4 = 24$

$7 \cdot 73 = 511$
$7 \cdot 70 = 490$
$7 \cdot 3 = 21$

4

$4 \cdot 236 = 944$
$4 \cdot 200 = 800$
$4 \cdot 30 = 120$
$4 \cdot 6 = 24$

$3 \cdot 317 = 951$
$3 \cdot 300 = 900$
$3 \cdot 10 = 30$
$3 \cdot 7 = 21$

$5 \cdot 164 = 820$
$5 \cdot 100 = 500$
$5 \cdot 60 = 300$
$5 \cdot 4 = 20$

$6 \cdot 158 = 948$
$6 \cdot 100 = 600$
$6 \cdot 50 = 300$
$6 \cdot 8 = 48$

1

:	2	4
16	8	4
160	80	40

:	4	8
24	6	3
240	60	30

:	6	9
54	9	6
540	90	60

:	3	6
12	4	2
120	40	20

2

:	5
25	5
250	50
45	9
450	90

:	7
21	3
210	30
42	6
420	60

:	6
36	6
360	60
48	8
480	80

:	9
27	3
270	30
63	7
630	70

:	8
40	5
400	50
72	9
720	90

3

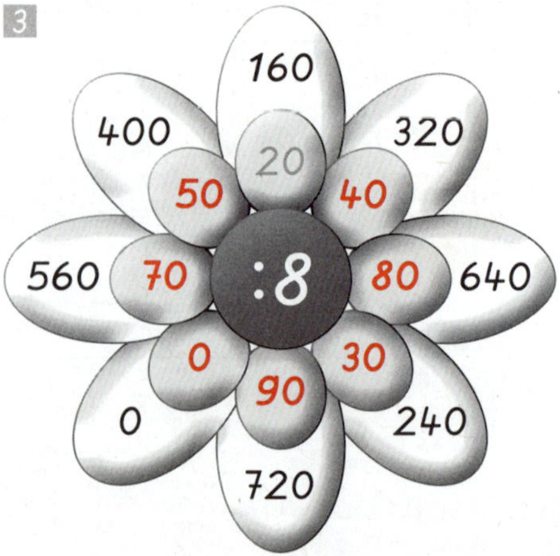

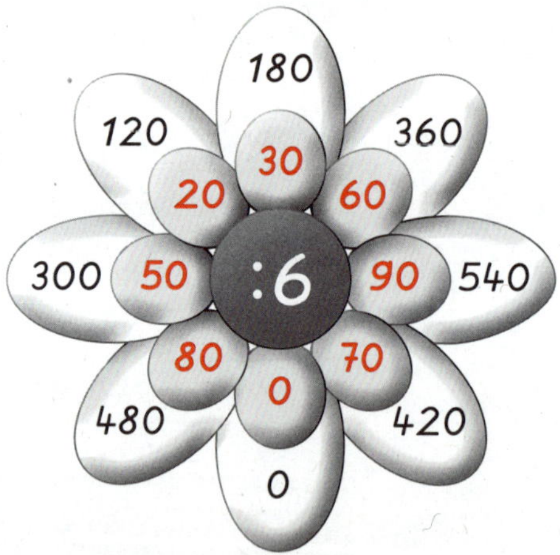

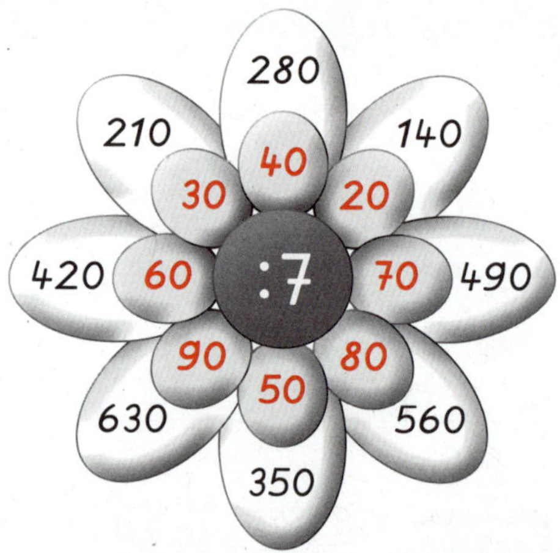

1

200 : 4 = 50
240 : 4 = 60
280 : 4 = 70

240 : 3 = 80
270 : 3 = 90
300 : 3 = 100

180 : 9 = 20
270 : 9 = 30
360 : 9 = 40

140 : 7 = 20
210 : 7 = 30
280 : 7 = 40

200 : 5 = 40
250 : 5 = 50
300 : 5 = 60

240 : 8 = 30
320 : 8 = 40
400 : 8 = 50

480 : 6 = 80
540 : 6 = 90
600 : 6 = 100

360 : 9 = 40
450 : 9 = 50
540 : 9 = 60

2

120 : 6 = 20
240 : 6 = 40

80 : 2 = 40
160 : 2 = 80

210 : 7 = 30
420 : 7 = 60

250 : 5 = 50
500 : 5 = 100

320 : 8 = 40
640 : 8 = 80

270 : 9 = 30
540 : 9 = 60

3

400 : 5 = 80
200 : 5 = 40

800 : 8 = 100
400 : 8 = 50

240 : 4 = 60
120 : 4 = 30

280 : 7 = 40
140 : 7 = 20

180 : 3 = 60
90 : 3 = 30

900 : 9 = 100
450 : 9 = 50

4

600	540	480	420	360	300	240	180	120	60
800	720	640	560	480	400	320	240	160	80

1

36 : 3 = 12

30 : 3 = 10
6 : 3 = 2

75 : 5 = 15

50 : 5 = 10
25 : 5 = 5

84 : 6 = 14

60 : 6 = 10
24 : 6 = 4

96 : 8 = 12

80 : 8 = 10
16 : 8 = 2

64 : 4 = 16

40 : 4 = 10
24 : 4 = 6

2

78 : 6 = 13

60 : 6 = 10
18 : 6 = 3

68 : 4 = 17

40 : 4 = 10
28 : 4 = 7

80 : 5 = 16

Verschiedene Lösungen möglich

36 : 2 = 18

Verschiedene Lösungen möglich

98 : 7 = 14

Verschiedene Lösungen möglich

3

68 : 2 = 34

60 : 2 = 30
8 : 2 = 4

84 : 4 = 21

Verschiedene Lösungen möglich

93 : 3 = 31

Verschiedene Lösungen möglich

69 : 3 = 23

Verschiedene Lösungen möglich

96 : 3 = 32

Verschiedene Lösungen möglich

4

505 : 5 = 101

500 : 5 = 100
5 : 5 = 1

408 : 4 = 102

Verschiedene Lösungen möglich

642 : 6 = 107

Verschiedene Lösungen möglich

918 : 9 = 102

Verschiedene Lösungen möglich

728 : 7 = 104

Verschiedene Lösungen möglich

1

60 : 6 = 10 R 0
61 : 6 = 10 R 1
65 : 6 = 10 R 5

50 : 5 = 10 R 0
53 : 5 = 10 R 3
54 : 5 = 10 R 4

80 : 8 = 10 R 0
86 : 8 = 10 R 6
87 : 8 = 10 R 7

90 : 9 = 10 R 0
95 : 9 = 10 R 5
98 : 9 = 10 R 8

70 : 7 = 10 R 0
74 : 7 = 10 R 4
76 : 7 = 10 R 6

2

150 : 5 = 30 R 0
151 : 5 = 30 R 1
152 : 5 = 30 R 2

180 : 3 = 60 R 0
181 : 3 = 60 R 1
182 : 3 = 60 R 2

280 : 7 = 40 R 0
282 : 7 = 40 R 2
283 : 7 = 40 R 3

160 : 8 = 20 R 0
165 : 8 = 20 R 5
167 : 8 = 20 R 7

420 : 6 = 70 R 0
423 : 6 = 70 R 3
425 : 6 = 70 R 5

3

160 : 4 = 40 R 0
161 : 4 = 40 R 1
163 : 4 = 40 R 3

300 : 6 = 50 R 0
302 : 6 = 50 R 2
305 : 6 = 50 R 5

640 : 8 = 80 R 0
646 : 8 = 80 R 6
647 : 8 = 80 R 7

630 : 7 = 90 R 0
634 : 7 = 90 R 4
635 : 7 = 90 R 5

720 : 9 = 80 R 0
726 : 9 = 80 R 6
728 : 9 = 80 R 8

4

500 : 5 = 100 R 0
501 : 5 = 100 R 1
503 : 5 = 100 R 3

700 : 7 = 100 R 0
702 : 7 = 100 R 2
704 : 7 = 100 R 4

600 : 6 = 100 R 0
603 : 6 = 100 R 3
605 : 6 = 100 R 5

900 : 9 = 100 R 0
906 : 9 = 100 R 6
908 : 9 = 100 R 8

800 : 8 = 100 R 0
805 : 8 = 100 R 5
808 : 8 = 101 R 0

1

	1	5	3
+	1	3	4
	2	8	7

Start

	2	3	8
+	3	2	5
		1	
	5	6	3

	1	7	2
+	1	8	6
	1		
	3	5	8

	4	8	9
+	2	3	4
	1	1	
	7	2	3

	1	2	1
+	7	3	6
	8	5	7

2

	8	5	1
+	1	3	4
	9	8	5

	5	4	8
+	2	7	1
	1		
	8	1	9

	1	5	4
+	1	3	2
	2	8	6

	3	6	7
+	2	5	7
	1	1	
	6	2	4

	1	7	4
+	3	2	4
	4	9	8

3

	2	3	1
+	1	5	8
	3	8	9

	6	9	3
+	1	7	8
	1	1	
	8	7	1

	3	7	2
+	2	1	4
	5	8	6

	5	4	8
+	3	6	4
	1	1	
	9	1	2

	4	2	6
+	3	5	2
	7	7	8

4

	3	8	7
+	3	4	0
	1		
	7	2	7

	2	0	3
+	2	9	4
	4	9	7

	1	7	8
+		4	5
	1	1	
	2	2	3

		7	6
+	8	6	9
	1	1	
	9	4	5

	1	6	4
+	4	4	3
	1		
	6	0	7

Wegen verschiedener möglicher Verfahren sind Überträge oder Entbündelungen nicht angegeben.

1

385	842	649	768	951
− 132	− 213	− 375	− 426	− 184
253	629	274	342	767

Start

2

659	721	946	685	845
− 143	− 589	− 134	− 432	− 393
516	132	812	253	452

3

538	627	811	453	790
− 154	− 413	− 238	− 321	− 139
384	214	573	132	651

4

327	983	817	760	606
− 187	− 78	− 403	− 236	− 338
140	905	414	524	268

Rechne jeweils **nur vier Aufgaben** im Kopf.

Kopfrechnen

1

657 + 266 = X	273 + 302 = 575
400 + 200 = 600	478 + 356 = X
350 + 400 = 750	530 + 160 = 690

2

300 + 200 = 500	486 + 375 = X
239 + 685 = X	820 + 102 = 922
600 + 140 = 740	650 + 210 = 860

3

400 + 210 = 610	578 + 187 = X
350 + 140 = 490	621 + 103 = 724
145 + 387 = X	735 + 240 = 975

4

700 + 106 = 806	512 + 110 = 622
457 + 286 = X	264 + 578 = X
304 + 430 = 734	603 + 203 = 806

5

635 – 368 = X	748 – 510 = 238
300 – 100 = 200	454 – 166 = X
440 – 320 = 120	564 – 203 = 361

6

906 – 300 = 606	645 – 186 = X
500 – 400 = 100	780 – 200 = 580
753 – 386 = X	840 – 520 = 320

7

804 – 202 = 602	780 – 400 = 380
670 – 120 = 550	517 – 238 = X
931 – 476 = X	886 – 500 = 386

8

635 – 410 = 225	864 – 101 = 763
743 – 268 = X	754 – 578 = X
980 – 380 = 600	660 – 330 = 330

1

25	+5 →	30	−10 →	20
45	:5 →	9	·50 →	450
140	−40 →	100	·3 →	300
2	·8 →	16	+4 →	20
21	:7 →	3	+7 →	10
90	:9 →	10	−10 →	0
20	+20 →	40	·6 →	240
4	·3 →	12	:4 →	3
300	−50 →	250	:5 →	50

2

420	:7 →	60	−20 →	40	·9 →	360
540	:9 →	60	+740 →	800	−400 →	400
350	+150 →	500	:5 →	100	−1 →	99
3	·40 →	120	−30 →	90	+90 →	180
100	−65 →	35	+35 →	70	·8 →	560
80	−40 →	40	·8 →	320	:4 →	80
205	·2 →	410	−10 →	400	+200 →	600
90	:3 →	30	−30 →	0	+80 →	80
500	:5 →	100	+20 →	120	·2 →	240

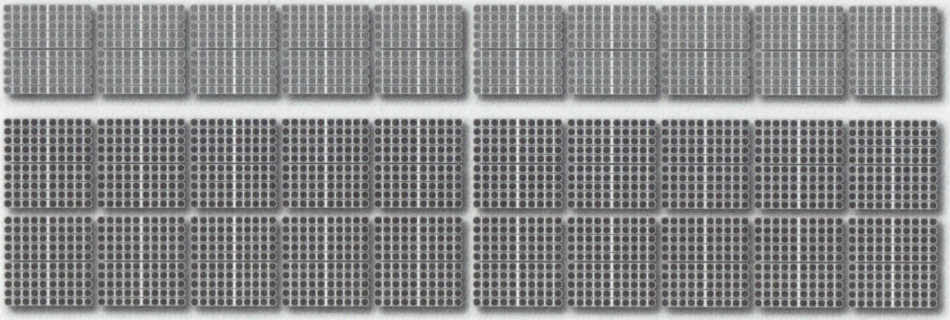

1 Tausender + 2 Tausender = 3 Tausender

1 000 + 2 000 = 3 000

1

4 000 + 2 000 = 6 000	6 000 + 3 000 = 9 000	5 000 + 5 000 = 10 000
400 + 200 = 600	600 + 300 = 900	500 + 500 = 1 000
40 + 20 = 60	60 + 30 = 90	50 + 50 = 100
4 + 2 = 6	6 + 3 = 9	5 + 5 = 10

2

8 000 – 3 000 = 5 000	7 000 – 4 000 = 3 000	10 000 – 1 000 = 9 000
800 – 300 = 500	700 – 400 = 300	1 000 – 100 = 900
80 – 30 = 50	70 – 40 = 30	100 – 10 = 90
8 – 3 = 5	7 – 4 = 3	10 – 1 = 9

1

2 000 + 4 000 = 6 000
5 000 + 2 000 = 7 000
8 000 + 1 000 = 9 000
9 000 + 1 000 = 10 000
3 000 + 3 000 = 6 000
6 000 + 2 000 = 8 000

2

5 000 – 3 000 = 2 000
4 000 – 1 000 = 3 000
9 000 – 2 000 = 7 000
10 000 – 5 000 = 5 000
7 000 – 3 000 = 4 000
8 000 – 5 000 = 3 000

3

10 000	
3 000 +	7 000
8 000 +	2 000
9 000 +	1 000
1 000 +	9 000
5 000 +	5 000
0 +	10 000
2 000 +	8 000
4 000 +	6 000
7 000 +	3 000
10 000 +	0
6 000 +	4 000

10 000		
7 000	+	3 000
2 000	+	8 000
1 000	+	9 000
9 000	+	1 000
5 000	+	5 000
10 000	+	0
8 000	+	2 000
6 000	+	4 000
3 000	+	7 000
0	+	10 000
4 000	+	6 000

4

10 000	
3 000	7 000

10 000	
5 000	5 000

10 000	
6 000	4 000

10 000	
9 000	1 000

10 000	
8 000	2 000

10 000	
2 000	8 000

10 000	
6 000	4 000

10 000	
3 000	7 000

T	H	Z	E
1	3	7	6

Zahl: 1 376

1 376 = 1 000 + 300 + 70 + 6

T	H	Z	E
1	7	1	2

Zahl: 1 712

1 712 = 1 000 + 700 + 10 + 2

T	H	Z	E
1	2	3	7

Zahl: 1 237

1 237 = 1 000 + 200 + 30 + 7

T	H	Z	E
1	8	6	1

Zahl: 1 861

1 861 = 1 000 + 800 + 60 + 1

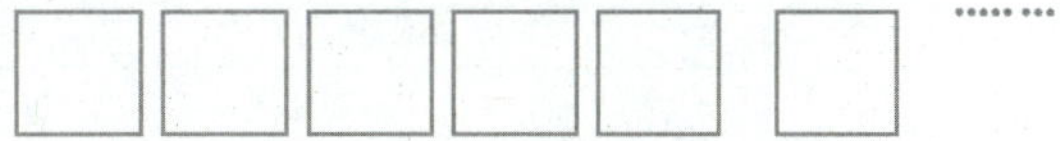

T	H	Z	E
1	6	0	8

Zahl: 1 608

1 608 = 1 000 + 600 + 0 + 8

T	H	Z	E
1	0	8	3

Zahl: 1083

1083 = 1 000 + 0 + 80 + 3

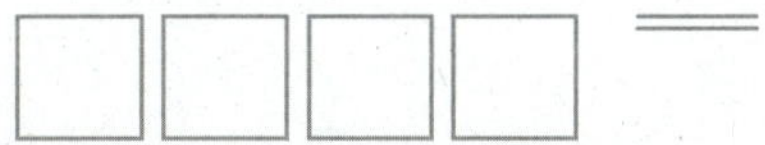

T	H	Z	E
1	4	2	0

Zahl: 1 420

1 420 = 1 000 + 400 + 20 + 0

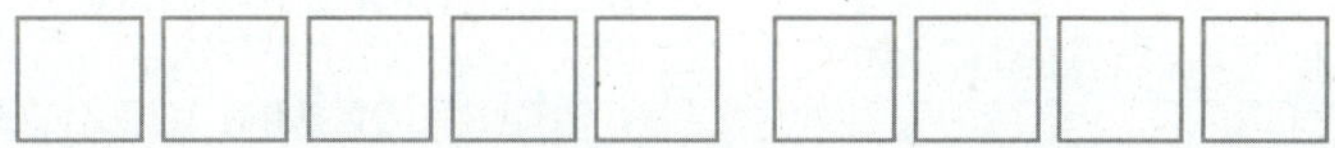

T	H	Z	E
1	9	0	0

Zahl: 1 900

1 900 = 1 000 + 900 + 0 + 0

Stellentafel

Hunderttausender	Zehntausender	Tausender	Hunderter	Zehner	Einer
HT	ZT	T	H	Z	E
●●●●●	●●	●●●●● ●●●	●	●●●●● ●●	●●●●
5	2	8	1	7	4

fünfhundertachtundzwanzigtausendeinhundertvierundsiebzig

HT	ZT	T	H	Z	E
••••••	••	••••• ••	••••• •••	•••	••
6	2	7	8	3	2

- [x] sechshundertsiebenundzwanzigtausendachthundertzweiunddreißig
- [ ] fünfhunderttausendachthundert

627 832 = 600 000 + 20 000 + 7 000 + 800 + 30 + 2

HT	ZT	T	H	Z	E
•••	••	•••••	••••••	••••	•
3	2	5	6	4	1

- [ ] dreihundertzwanzigtausendsechshunderteins
- [x] dreihundertfünfundzwanzigtausendsechshunderteinundvierzig

325 641 = 300 000 + 20 000 + 5 000 + 600 + 40 + 1

HT	ZT	T	H	Z	E
•	••••	••••••••	••	•••	•••••••
1	4	8	2	3	7

- ✗ einhundertachtundvierzigtausendzweihundertsiebenunddreißig
- ○ einhunderttausendzweihundertsiebenunddreißig

148 237 = 100 000 + 40 000 + 8 000 + 200 + 30 + 7

HT	ZT	T	H	Z	E
•••••	••••	•••••••••	•••••	•	••
5	4	9	5	1	2

- ○ fünfhundertvierzigtausendfünfhundertzwölf
- ✗ fünfhundertneunundvierzigtausendfünfhundertzwölf

549 512 = 500 000 + 40 000 + 9 000 + 500 + 10 + 2

HT	ZT	T	H	Z	E
••••••••	••••••	••	•	•••	•••••
8	6	2	1	3	5

- ✗ achthundertzweiundsechzigtausendeinhundertfünfunddreißig
- ○ achthundertzweiundsechzigtausendeinhundertdreißig

862 135 = 800 000 + 60 000 + 2 000 + 100 + 30 + 5

HT	ZT	T	H	Z	E
••	•••••	••••••	••••	•••••	••••••••
2	5	6	4	5	8

○ zweihundertsechsundfünfzigtausendvierhundertfünfundachtzig

X zweihundertsechsundfünfzigtausendvierhundertachtundfünfzig

256 458 = 200 000 + 50 000 + 6 000 + 400 + 50 + 8

HT	ZT	T	H	Z	E
•••••••	•	•	•••••	•••	
7	1	1	5	3	0

X siebenhundertelftausendfünfhundertdreißig

○ siebenhundertzwölftausendfünfhundertdreißig

711 530 = 700 000 + 10 000 + 1 000 + 500 + 30 + 0

HT	ZT	T	H	Z	E
•••••	••••	•••••••	•••••		
5	4	7	5	0	0

○ fünfhundertsiebenundvierzigtausendfünfhundertdrei

X fünfhundertsiebenundvierzigtausendfünfhundert

547 500 = 500 000 + 40 000 + 7 000 + 500 + 0 + 0

HT	ZT	T	H	Z	E
••••••	•	••••	•••		••••••••
6	1	4	3	0	8

- [x] sechshundertvierzehntausenddreihundertacht
- [ ] sechshundertvierzehntausenddreihundertachtzig

614 308 = 600 000 + 10 000 + 4 000 + 300 + 0 + 8

HT	ZT	T	H	Z	E
••••	••		••••••	•••••••	••
4	2	0	6	7	2

- [x] vierhundertzwanzigtausendsechshundertzweiundsiebzig
- [ ] vierhundertzwanzigtausendsechshundertneunundsiebzig

420 672 = 400 000 + 20 000 + 0 + 600 + 70 + 2

HT	ZT	T	H	Z	E
•••••••••		••••	•••	•	
9	0	4	3	1	0

- [ ] neunhundertvierzigtausenddreihundertzehn
- [x] neunhundertviertausenddreihundertzehn

904 310 = 900 000 + 0 + 4 000 + 300 + 10 + 0

Trage in die Stellentafel ein und schreibe die Zahl.

	HT	ZT	T	H	Z	E	Zahl
200 000 + 80 000 + 3 000 + 500 + 70 + 4	2	8	3	5	7	4	283 574
600 000 + 20 000 + 8 000 + 400 + 10 + 9	6	2	8	4	1	9	628 419
700 000 + 40 000 + 2 000 + 300 + 80 + 5	7	4	2	3	8	5	742 385
500 000 + 30 000 + 9 000 + 200 + 40 + 7	5	3	9	2	4	7	539 247
100 000 + 70 000 + 7 000 + 100 + 60 + 8	1	7	7	1	6	8	177 168
300 000 + 90 000 + 1 000 + 600	3	9	1	6	0	0	391 600
900 000 + 30 000 + 4 000 + 800 + 20	9	3	4	8	2	0	934 820
800 000 + 10 000 + 5 000 + 600	8	1	5	6	0	0	815 600
300 000 + 50 000 + 6 000 + 90 + 7	3	5	6	0	9	7	356 097
500 000 + 20 000 + 7 000	5	2	7	0	0	0	527 000
200 000 + 4 000 + 70	2	0	4	0	7	0	204 070
9 000 + 100 + 40 + 6			9	1	4	6	9 146
60 000 + 1 000 + 700 + 30 + 8		6	1	7	3	8	61 738
7 000 + 900 + 50 + 1			7	9	5	1	7 951
70 000 + 3 000 + 200 + 3		7	3	2	0	3	73 203
400 000 + 2 000 + 10	4	0	2	0	1	0	402 010
8 000 + 800 + 80			8	8	8	0	8 880

Trage in die Stellentafel ein.

	HT	ZT	T	H	Z	E
dreihunderteinundvierzigtausendzweihundertfünfundachtzig	3	4	1	2	8	5
dreiundachtzigtausendvierhundertsiebenundzwanzig		8	3	4	2	7
sechstausendachthundertdreizehn			6	8	1	3
siebenhundertachtzehntausenddreihundertsechzig	7	1	8	3	6	0
zweihundertsiebzigtausendeinhundertachtundsiebzig	2	7	0	1	7	8
vierhundertsechzigtausendsiebenhundertvierzig	4	6	0	7	4	0
achthundertvierundzwanzigtausendneunhunderteins	8	2	4	9	0	1
einhundertsiebentausendvierhundertvierunddreißig	1	0	7	4	3	4
fünfhunderttausend	5	0	0	0	0	0
fünfzigtausend		5	0	0	0	0
fünftausend			5	0	0	0
fünfhundertfünftausendfünfhundertfünf	5	0	5	5	0	5
fünfhunderttausendfünf	5	0	0	0	0	5
sechshundertdreiundzwanzig				6	2	3
sechshundertdreiundzwanzigtausend	6	2	3	0	0	0
sechshundertdreiundzwanzigtausendsechshundertdreiundzwanzig	6	2	3	6	2	3
neunhundertneunundneunzigtausendneunhundertneunundneunzig	9	9	9	9	9	9

1

300 000	>	200 000	300 000	<	400 000	433 333	>	333 334	399 999	<	400 001
400 000	<	500 000	350 000	>	340 000	334 333	=	334 333	402 001	>	398 989
700 000	=	700 000	354 000	>	353 000	334 333	>	333 343	675 206	=	675 206
900 000	>	100 000	354 700	<	354 800	333 343	<	343 333	253 954	>	175 398
200 000	<	300 000	354 760	=	354 760	333 334	<	333 343	824 632	<	854 273
500 000	<	800 000	354 762	>	354 761	334 333	>	333 433	536 487	>	534 796

2

5 000 + 1 000	<	7 000	30 000 + 40 000	>	60 000	300 000 + 200 000	=	500 000
4 000 + 2 000	>	3 000	20 000 + 50 000	=	70 000	400 000 + 500 000	>	800 000
8 000	=	6 000 + 2 000	80 000	<	40 000 + 50 000	700 000	=	200 000 + 500 000
9 000	<	7 000 + 3 000	90 000	>	70 000 + 10 000	600 000	<	400 000 + 300 000

3

300 000 + 500 000	>	300 000 + 400 000	800 000 + 100 000	<	800 000 + 200 000
200 000 + 600 000	=	600 000 + 200 000	400 000 + 500 000	>	200 000 + 500 000
400 000 + 100 000	>	200 000 + 100 000	300 000 + 600 000	=	700 000 + 200 000

4

738 276 | 738 277 | 738 278 | 738 279 | 738 280 | 738 281

362 596 | 462 596 | 562 596 | 662 596 | 762 596 | 862 596

Kreuze an.

	ja	nein
Ein Tausender hat 10 Hunderter.	X	
Ein Tausender hat 100 Hunderter.		X
Eine Million hat 10 Hunderttausender.	X	
Eine Million hat 100 Hunderttausender.		X
599 999 kommt vor 600 000.	X	
800 000 liegt zwischen 600 000 und 700 000.		X
800 000 liegt zwischen 799 999 und 800 001.	X	
783 000 ist größer als 779 999.	X	
125 094 ist kleiner als 125 093.		X
660 666 ist gleich 666 066.		X

Verbinde.

1

200 000 — 500 000

0 — 1 000 000

610 000 — 660 000

600 000 — 700 000

352 000 — 359 000

350 000 — 360 000

2

428 400 — 428 700

428 000 — 429 000

237 150 — 237 180

237 100 — 237 200

817 342 — 817 346

817 340 — 817 350

3

465 710	465 720	465 730	465 740	465 750	465 760
190 736	190 746	190 756	190 766	190 776	190 786

Trage die Zahlen ein.

1

400 000 | 600 000

0 … 1 000 000

530 000 | 550 000

500 000 … 600 000

161 000 | 167 000

160 000 … 170 000

2

923 400 | 923 500

923 000 … 924 000

384 820 | 384 870

384 800 … 384 900

709 531 | 709 538

709 530 … 709 540

3

653 400	653 500	653 600	653 700	653 800	653 900
261 357	261 457	261 557	261 657	261 757	261 857

Zahlenstrahl

Trage die Zahlen ein.

1

100 000 | 700 000

0 … 1 000 000

320 000 | 380 000

300 000 … 400 000

624 000 | 625 000

620 000 … 630 000

2

541 300 | 541 600

541 000 … 542 000

298 310 | 298 390

298 300 … 298 400

736 955 | 736 957

736 950 … 736 960

3

382 000	383 000	384 000	385 000	386 000	387 000
853 601	854 601	855 601	856 601	857 601	858 601

Welche Zahlen könnten es sein? Trage ein.

1

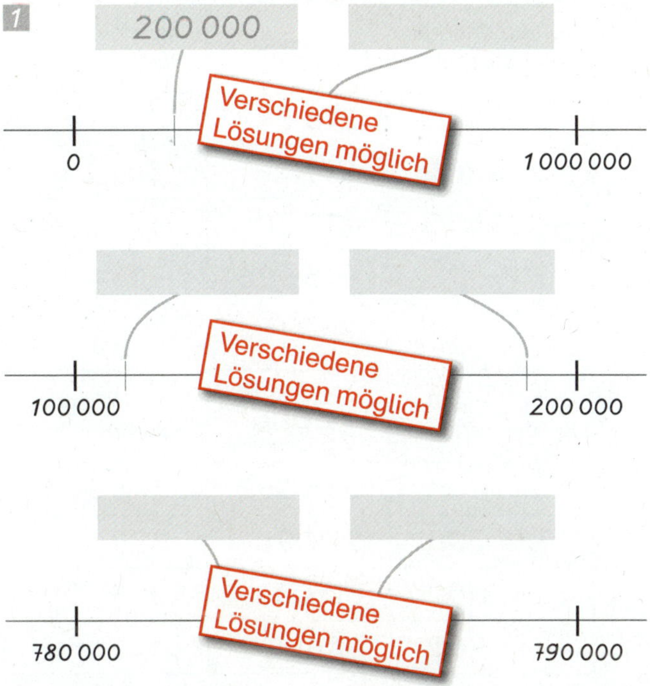

2

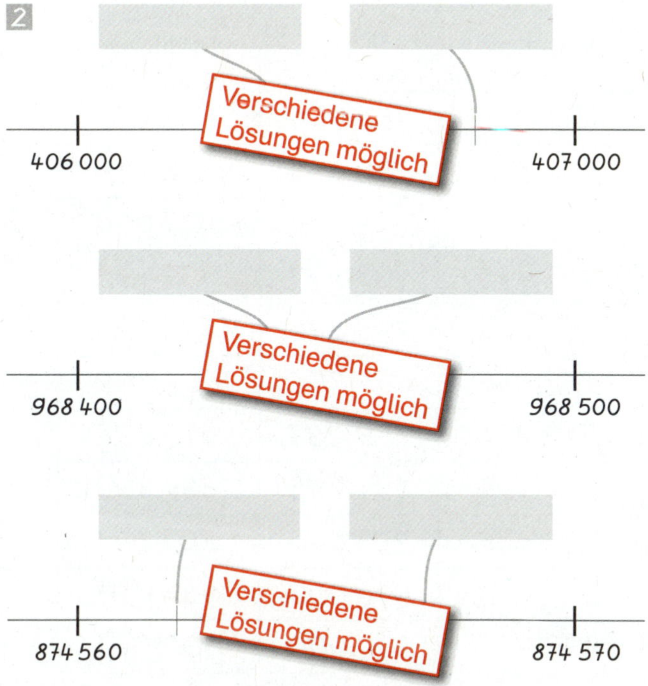

3

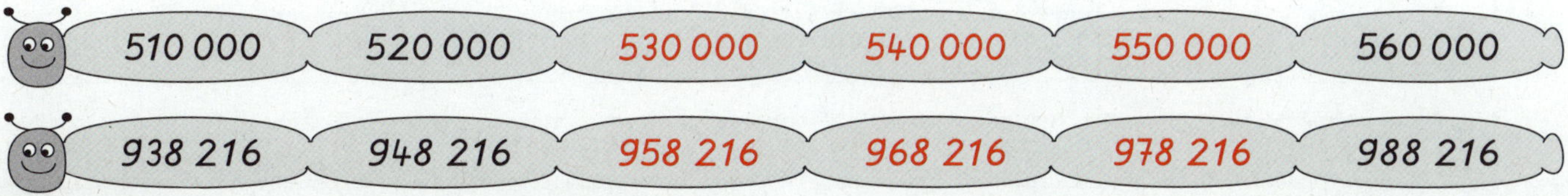

1 Trage die benachbarten Zahlen ein.

Vorgänger	Zahl	Nachfolger
358 425	358 426	358 427
602 562	602 563	602 564
417 038	417 039	417 040
737 470	737 471	737 472
193 823	193 824	193 825
652 347	652 348	652 349
519 296	519 297	519 298
834 494	834 495	834 496
207 639	207 640	207 641
933 999	934 000	934 001
299 999	300 000	300 001

vorhergehender Nachbarzehner	Zahl	nachfolgender Nachbarzehner
216 370	216 372	216 380
547 280	547 281	547 290
123 500	123 504	123 510
705 390	705 396	705 400

vorhergehender Nachbarhunderter	Zahl	nachfolgender Nachbarhunderter
315 800	315 852	315 900
729 700	729 761	729 800
803 000	803 037	803 100
486 900	486 912	487 000

2

683 570	683 580	683 590	683 600	683 610	683 620
115 472	115 482	115 492	115 502	115 512	115 522

1 Trage die benachbarten Zahlen ein.

vorhergehender Nachbartausender	Zahl	nachfolgender Nachbartausender
683 000	683 834	684 000
871 000	871 962	872 000
294 000	294 710	295 000
405 000	405 386	406 000
532 000	532 041	533 000
156 000	156 957	157 000
314 000	314 192	315 000
727 000	727 605	728 000
933 000	933 543	934 000
489 000	489 718	490 000
390 000	390 220	391 000

vorhergehender Nachbarzehntausender	Zahl	nachfolgender Nachbarzehntausender
460 000	462 492	470 000
870 000	873 150	880 000
100 000	104 703	110 000
590 000	595 681	600 000

vorhergehender Nachbarhunderttausender	Zahl	nachfolgender Nachbarhunderttausender
500 000	571 590	600 000
300 000	362 306	400 000
600 000	684 284	700 000
900 000	996 371	1 000 000

2

1

125 +	125 =	250
125 000 +	125 000 =	250 000
240 +	450 =	690
240 000 +	450 000 =	690 000
707 +	201 =	908
707 000 +	201 000 =	908 000
500 +	500 =	1 000
500 000 +	500 000 =	1 000 000
545 +	25 =	570
545 000 +	25 000 =	570 000
38 +	680 =	718
38 000 +	680 000 =	718 000

2

150 +	150	=	300
150 000 +	150 000	=	300 000
660 +	340	=	1 000
660 000 +	340 000	=	1 000 000
240 +	240	=	480
240 000 +	240 000	=	480 000
403 +	504	=	907
403 000 +	504 000	=	907 000
32 +	435	=	467
32 000 +	435 000	=	467 000
880 +	32	=	912
880 000 +	32 000	=	912 000

3

287 000	288 000	289 000	290 000	291 000	292 000
527 919	528 919	529 919	530 919	531 919	532 919

1

950 − 510 = 440
950 000 − 510 000 = 440 000

680 − 340 = 340
680 000 − 340 000 = 340 000

1 000 − 750 = 250
1 000 000 − 750 000 = 250 000

807 − 205 = 602
807 000 − 205 000 = 602 000

900 − 450 = 450
900 000 − 450 000 = 450 000

730 − 55 = 675
730 000 − 55 000 = 675 000

2

580 − 120 = 460
580 000 − 120 000 = 460 000

906 − 702 = 204
906 000 − 702 000 = 204 000

700 − 350 = 350
700 000 − 350 000 = 350 000

1 000 − 830 = 170
1 000 000 − 830 000 = 170 000

608 − 104 = 504
608 000 − 104 000 = 504 000

930 − 45 = 885
930 000 − 45 000 = 885 000

3

470 000	480 000	490 000	500 000	510 000	520 000
873 506	883 506	893 506	903 506	913 506	923 506

Runden auf Tausender

Bei 0, 1, 2, 3 oder 4 Hundertern wird abgerundet. — 341 269 → 341 000

Bei 5, 6, 7, 8 oder 9 Hundertern wird aufgerundet. — 341 769 → 342 000

Runden

1 Runde auf Tausender.

	gerundet
4 328	4 000
4 928	5 000
8 174	8 000
3 812	4 000
5 490	5 000
26 573	27 000
64 240	64 000
92 581	93 000
30 706	31 000
75 002	75 000
641 358	641 000
429 675	430 000

2 Runde auf Tausender und rechne.

6 365 + 2 829
gerundet 6 000 + 3 000 = 9 000

15 148 + 1 935
gerundet 15 000 + 2 000 = 17 000

15 508 + 24 276
gerundet 16 000 + 24 000 = 40 000

736 674 + 13 340
gerundet 737 000 + 13 000 = 750 000

260 496 + 302 507
gerundet 260 000 + 303 000 = 563 000

www.jandorfverlag.de

1

10 000	
5 000 +	5 000
7 000 +	3 000
4 300 +	5 700
7 400 +	2 600
2 700 +	7 300
3 400 +	6 600
5 800 +	4 200
8 100 +	1 900
6 600 +	3 400
3 200 +	6 800
7 900 +	2 100
6 500 +	3 500

2

100 000	
50 000	+ 50 000
80 000	+ 20 000
64 000	+ 36 000
35 000	+ 65 000
87 000	+ 13 000
15 000	+ 85 000
59 000	+ 41 000
76 000	+ 24 000
73 000	+ 27 000
22 000	+ 78 000
58 000	+ 42 000
41 000	+ 59 000

3

1 000 000	
500 000 +	500 000
800 000 +	200 000
560 000 +	440 000
190 000 +	810 000
720 000 +	280 000
530 000 +	470 000
250 000 +	750 000
810 000 +	190 000
470 000 +	530 000
630 000 +	370 000
140 000 +	860 000
380 000 +	620 000

4

9 970	9 980	9 990	10 000	10 010	10 020
9 700	9 800	9 900	10 000	10 100	10 200

1

–	1	10	100	1 000	10 000	100 000
1 000	999	990	900	0		
10 000	9 999	9 990	9 900	9 000	0	
100 000	99 999	99 990	99 900	99 000	90 000	0
1 000 000	999 999	999 990	999 900	999 000	990 000	900 000

2

99 997	99 998	99 999	100 000	100 001	100 002
99 970	99 980	99 990	100 000	100 010	100 020

Rechne jeweils nur vier Aufgaben im Kopf.

3

100 000 – 20 000 = 80 000
803 000 – 50 273 =
550 000 – 40 000 = 510 000

763 000 – 4 368 =
923 475 – 3 475 = 920 000
100 000 – 3 000 = 97 000

4

438 756 + 386 947 =
820 000 + 100 000 = 920 000
500 800 + 200 100 = 700 900

600 400 + 20 300 = 620 700
480 678 + 40 786 =
500 000 + 15 957 = 515 957

1

–	4	40	400	4 000	40 000	400 000
8 000	7 996	7 960	7 600	4 000		
80 000	79 996	79 960	79 600	76 000	40 000	
800 000	799 996	799 960	799 600	796 000	760 000	400 000

2

99 700	99 800	99 900	100 000	100 100	100 200
97 000	98 000	99 000	100 000	101 000	102 000

Rechne jeweils nur vier Aufgaben im Kopf.

3

600 234 – 3 407 =

400 000 – 2 000 = 398 000

701 800 – 1 400 = 700 400

931 524 – 54 641 =

825 157 – 25 157 = 800 000

500 000 – 30 000 = 470 000

4

467 304 + 286 850 =

600 000 + 130 000 = 730 000

564 639 + 426 785 =

300 000 + 39 625 = 339 625

804 000 + 20 000 = 824 000

510 000 + 10 048 = 520 048

1

7 · 6 = 42	6 · 9 = 54	8 · 6 = 48	7 · 8 = 56
7 · 60 = 420	6 · 90 = 540	8 · 60 = 480	7 · 80 = 560
7 · 600 = 4 200	6 · 900 = 5 400	8 · 600 = 4 800	7 · 800 = 5 600

2

8 · 4 = 32	7 · 9 = 63	4 · 6 = 24
8 · 40 = 320	7 · 90 = 630	4 · 60 = 240
8 · 400 = 3 200	7 · 900 = 6 300	4 · 600 = 2 400
8 · 4 000 = 32 000	7 · 9 000 = 63 000	4 · 6 000 = 24 000
8 · 40 000 = 320 000	7 · 90 000 = 630 000	4 · 60 000 = 240 000

3

·	1	10	100	1 000
1	1	10	100	1 000
10	10	100	1 000	10 000
100	100	1 000	10 000	100 000
1 000	1 000	10 000	100 000	1 000 000

·	9	90	900
8	72	720	7 200
80	720	7 200	72 000
800	7 200	72 000	720 000

·	5	50	500
7	35	350	3 500
70	350	3 500	35 000
700	3 500	35 000	350 000

1

28 : 7 = 4
280 : 7 = 40
2 800 : 7 = 400

18 : 3 = 6
180 : 3 = 60
1 800 : 3 = 600

63 : 9 = 7
630 : 9 = 70
6 300 : 9 = 700

48 : 8 = 6
480 : 8 = 60
4 800 : 8 = 600

54 : 9 = 6
540 : 9 = 60
5 400 : 9 = 600

32 : 4 = 8
320 : 4 = 80
3 200 : 4 = 800

42 : 7 = 6
420 : 7 = 60
4 200 : 7 = 600

35 : 5 = 7
350 : 5 = 70
3 500 : 5 = 700

2

72 : 9 = 8
720 : 9 = 80
7 200 : 9 = 800
72 000 : 9 = 8 000
720 000 : 9 = 80 000

56 : 8 = 7
560 : 8 = 70
5 600 : 8 = 700
56 000 : 8 = 7 000
560 000 : 8 = 70 000

3

:	4	9
36	9	4
360	90	40
3 600	900	400

:	6	8
48	8	6
480	80	60
4 800	800	600

:	2	5	10
10	5	2	1
100	50	20	10
1 000	500	200	100
10 000	5 000	2 000	1 000
100 000	50 000	20 000	10 000
1 000 000	500 000	200 000	100 000

1

4 253 +	999	=	5 252
4 253 +	1000 − 1	=	5 252
31 752 +	2 998	=	34 750
31 752 +	3 000 − 2	=	34 750
952 389 +	9 997	=	962 386
952 389 +	10 000 − 3	=	962 386
813 186 +	49 999	=	863 185
813 186 +	50 000 − 1	=	863 185

2

624 574 +	99 998	=	724 572
624 574 +	100 000 − 2	=	724 572
436 102 +	199 999	=	636 101
436 102 +	200 000 − 1	=	636 101
318 634 +	399 999	=	718 633
318 634 +	400 000 − 1	=	718 633
532 014 +	299 997	=	832 011
532 014 +	300 000 − 3	=	832 011

3

+	999	997	998	1 997	3 999	2 998
1 648	2 647	2 645	2 646	3 645	5 647	4 646
5 375	6 374	6 372	6 373	7 372	9 374	8 373
74 006	75 005	75 003	75 004	76 003	78 005	77 004
532 004	533 003	533 001	533 002	534 001	536 003	535 002

1

3 394 − 999 = 2 395
3 394 − 1 000 + 1 = 2 395

75 631 − 1 997 = 73 634
75 631 − 2 000 + 3 = 73 634

206 942 − 9 998 = 196 944
206 942 − 10 000 + 2 = 196 944

460 834 − 39 999 = 420 835
460 834 − 40 000 + 1 = 420 835

2

728 012 − 99 999 = 628 013
728 012 − 100 000 + 1 = 628 013

508 325 − 199 997 = 308 328
508 325 − 200 000 + 3 = 308 328

670 314 − 399 999 = 270 315
670 314 − 400 000 + 1 = 270 315

806 201 − 299 998 = 506 203
806 201 − 300 000 + 2 = 506 203

3

−	999	998	997	2 999	1 997	3 998
5 134	4 135	4 136	4 137	2 135	3 137	1 136
8 482	7 483	7 484	7 485	5 483	6 485	4 484
27 005	26 006	26 007	26 008	24 006	25 008	23 007
756 006	755 007	755 008	755 009	753 007	754 009	752 008

1

	1	4	6	2	7	4
+	1	5	2	3	2	3
	2	9	8	5	9	7

Start ↑

	2	1	7	4	2	6
+	4	6	1	2	3	1
	6	7	8	6	5	7

	7	2	6	3	5	9
+	2	3	4	1	2	9
		1			1	
	9	6	0	4	8	8

2

	4	9	5	1	6	3
+	3	4	0	7	6	5
	1			1		
	8	3	5	9	2	8

	2	3	5	0	3	6
+	1	4	3	9	7	2
			1	1		
	3	7	9	0	0	8

	1	2	4	7	9	3
+	6	5	8	6	0	2
		1	1			
	7	8	3	3	9	5

3

	2	1	5	8	7	6
+	3	4	5	1	1	3
		1				
	5	6	0	9	8	9

	8	1	4	6	3	8
+		8	0	7	4	7
			1		1	
	8	9	5	3	8	5

		4	0	7	2	9
+	1	3	2	1	8	6
				1	1	
	1	7	2	9	1	5

4 Rechne nur vier Aufgaben im Kopf.

326 034 + 9 998 = 336 032

754 968 + 8 547 = ~~X~~

510 000 + 4 536 = 514 536

420 643 + 199 997 = 620 640

652 518 + 256 748 = ~~X~~

308 323 + 399 998 = 708 321

1

	3	4	9	1	0	2
+	1	3	1	2	9	5
		1				
	4	8	0	3	9	7

	5	3	8	1	3	8
+	2	1	2	4	2	3
		1			1	
	7	5	0	5	6	1

			4	8	5	9
+	2	5	2	0	1	7
					1	
	2	5	6	8	7	6

2

	6	9	7	0	6	2
+	2	0	8	6	2	1
	1	1				
	9	0	5	6	8	3

	5	6	3	7	3	4
+			4	0	7	2
				1		
	5	6	7	8	0	6

	4	4	9	5	0	3
+	3	6	0	2	0	1
	1					
	8	0	9	7	0	4

3

	5	3	1	1	4	3	4	8	2	1	0	5	1	6	3	2	6	3	7	3	7	0	1	2	0	8	1	3
+	3	1	7	9	2	5	2	7	4	6	0	2	4	3	4	8	1	0	2	2	9	8	1	5	0	8	2	6
			1				1								1					1					1			
	8	4	9	0	6	8	7	5	6	7	0	7	5	9	8	0	7	3	9	6	6	8	2	7	1	6	3	9

4 Rechne nur vier Aufgaben im Kopf.

345 758 + 58 904 = ~~ ~~

700 000 + 21 086 = 721 086

540 423 + 99 998 = 640 421

460 569 + 375 638 = ~~ ~~

208 306 + 299 999 = 508 305

360 623 + 499 997 = 860 620

Überschlage und kreuze an.

1

3 207 + 2 496 =	X	5 703
		4 703
7 360 + 1 549 =		9 909
	X	8 909
4 368 + 3 804 =	X	8 172
		6 172
3 367 + 5 845 =	X	9 212
		8 212
53 623 + 31 507 =		75 130
	X	85 130
67 068 + 16 635 =	X	83 703
		73 703
36 048 + 27 840 =		73 888
	X	63 888

2

660 537 + 218 471 =	X	879 008
		779 008
456 369 + 367 270 =		723 639
	X	823 639
363 064 + 187 507 =	X	550 571
		650 571
51 237 + 3 608 =	X	54 845
		53 845
42 136 + 5 670 =		48 806
	X	47 806
326 871 + 32 816 =	X	359 687
		349 687
132 326 + 2 489 =		135 815
	X	134 815

Wegen verschiedener möglicher Verfahren sind Überträge oder Entbündelungen nicht angegeben.

1

	5	8	5	7	9	4
−	1	6	2	0	3	1
	4	2	3	7	6	3

	6	5	2	9	3	6
−	3	1	6	9	2	4
	3	3	6	0	1	2

	7	8	3	9	4	2
−	2	3	6	0	1	9
	5	4	7	9	2	3

2

	6	3	8	9	7	3
−	4	9	8	2	4	5
	1	4	0	7	2	8

	8	4	9	7	6	1
−		3	0	5	0	9
	8	1	9	2	5	2

	9	7	2	8	9	6
−	3	5	7	4	5	1
	6	1	5	4	4	5

3

	8	9	4	7	3	2
−	1	2	5	0	4	8
	7	6	9	6	8	4

	4	5	8	7	1	9
−	4	3	6	4	0	2
		2	2	3	1	7

	9	2	7	6	1	6
−		1	7	4	8	0
	9	1	0	1	3	6

4 Rechne nur vier Aufgaben im Kopf.

204 364 − 1 999 = 202 365

456 562 − 6 562 = 450 000

605 268 − 8 739 = ~~X~~

320 846 − 19 999 = 300 847

840 243 − 56 680 = ~~X~~

543 502 − 29 998 = 513 504

Wegen verschiedener möglicher Verfahren sind Überträge oder Entbündelungen nicht angegeben.

1

567 429 − 102 385 = 465 044

696 718 − 536 094 = 160 624

976 851 − 4 129 = 972 722

2

602 854 − 286 351 = 316 503

849 657 − 103 702 = 745 955

734 765 − 498 201 = 236 564

3

865 947 − 3 172 = 862 775

379 802 − 205 619 = 174 183

923 761 − 653 580 = 270 181

4 Rechne nur vier Aufgaben im Kopf.

358 428 − 64 607 = ~~ ~~	728 648 − 55 067 = ~~ ~~
240 631 − 19 997 = 220 634	461 042 − 61 042 = 400 000
565 120 − 39 999 = 525 121	850 356 − 49 999 = 800 357

Wegen verschiedener möglicher Verfahren sind Überträge oder Entbündelungen nicht angegeben.

1

	6	9	2	5	8	7
–	1	4	7	3	6	4
	5	4	5	2	2	3

	4	2	5	3	6	9
–	3	2	1	9	0	4
	1	0	3	4	6	5

	6	9	1	3	2	4
–	3	3	4	9	0	7
	3	5	6	4	1	7

2

	9	7	1	6	0	5
–	2	5	1	3	6	7
	7	2	0	2	3	8

	7	4	8	3	9	6
–	5	0	1	0	9	2
	2	4	7	3	0	4

	8	6	7	1	0	4
–			3	9	2	5
	8	6	3	1	7	9

3

	8	4	2	6	9	7	8	3	5	7	9	3	8	2	9	4	7	8	9	2	1	7	0	6	9	5	6	9
–	2	0	7	6	4	1	9	0	3	7	6	2	4	9	0	2	1	7	5	3	9	2	8	1	8	0	3	5
	6	3	5	0	5	5	9	3	2	0	3	1	3	3	9	2	6	1	3	8	2	4	2	5	1	5	3	4

4 Rechne nur vier Aufgaben im Kopf.

830 612 – 199 999 = 630 613

403 534 – 328 780 = ~~X~~

662 310 – 399 998 = 262 312

685 069 – 247 286 = ~~X~~

705 103 – 299 997 = 405 106

968 003 – 168 003 = 800 000

Überschlage und kreuze an.

1

Aufgabe	Ergebnis	angekreuzt
6 307 – 3 245 =	4 062	
	3 062	X
8 293 – 2 801 =	5 492	X
	6 492	
7 748 – 3 270 =	4 478	X
	5 478	
9 340 – 5 836 =	4 504	
	3 504	X
45 307 – 23 093 =	22 214	X
	12 214	
73 341 – 58 294 =	15 047	X
	25 047	
65 690 – 49 318 =	26 372	
	16 372	X

2

Aufgabe	Ergebnis	angekreuzt
560 380 – 237 048 =	323 332	X
	223 332	
726 350 – 381 718 =	344 632	X
	444 632	
862 108 – 410 274 =	551 834	
	451 834	X
84 427 – 3 146 =	81 281	X
	82 281	
48 896 – 6 580 =	41 316	
	42 316	X
286 084 – 12 103 =	263 981	
	273 981	X
364 687 – 2 563 =	362 124	X
	363 124	

Überprüfe mit der Umkehraufgabe.

693 397 – 236 184 = 457 213

	4	5	7	2	1	3
+	2	3	6	1	8	4
		1				
	6	9	3	3	9	7

[X] richtig
[ ] falsch

757 982 – 627 354 = 130 628

	1	3	0	6	2	8
+	6	2	7	3	5	4
					1	
	7	5	7	9	8	2

[X] richtig
[ ] falsch

899 224 – 165 703 = 724 521

	7	2	4	5	2	1
+	1	6	5	7	0	3
		1	1			
	8	9	0	2	2	4

[ ] richtig
[X] falsch

486 236 – 189 502 = 306 734

	3	0	6	7	3	4
+	1	8	9	5	0	2
		1	1			
	4	9	6	2	3	6

[ ] richtig
[X] falsch

980 634 – 405 233 = 575 401

	5	7	5	4	0	1
+	4	0	5	2	3	3
		1				
	9	8	0	6	3	4

[X] richtig
[ ] falsch

378 068 – 168 325 = 209 743

	2	0	9	7	4	3
+	1	6	8	3	2	5
		1	1			
	3	7	8	0	6	8

[X] richtig
[ ] falsch

1

3 001 – 2 999 = 2	70 002 – 69 998 = 4	500 001 – 499 999 = 2
2 999 + 2 = 3 001	69 998 + 4 = 70 002	499 999 + 2 = 500 001
4 421 – 4 418 = 3	85 631 – 85 629 = 2	607 523 – 607 518 = 5
4 418 + 3 = 4 421	85 629 + 2 = 85 631	607 518 + 5 = 607 523

2

7 001 – 6 999 = 2	35 282 – 35 279 = 3	634 261 – 634 258 = 3
4 281 – 4 279 = 2	60 001 – 59 996 = 5	236 142 – 236 138 = 4
9 632 – 9 629 = 3	43 672 – 43 668 = 4	400 001 – 399 999 = 2
3 002 – 2 997 = 5	75 361 – 75 359 = 2	753 752 – 753 747 = 5
6 523 – 6 518 = 5	50 001 – 49 998 = 3	930 841 – 930 838 = 3

3

8 001 – 7 999 = 2	50 003 – 49 999 = 4	800 002 – 799 999 = 3
8 010 – 7 999 = 11	50 030 – 49 999 = 31	800 200 – 799 999 = 201
8 100 – 7 999 = 101	53 000 – 49 999 = 3 001	820 000 – 799 999 = 20 001

4

3 002 – 2 999 = 3	70 001 – 69 999 = 2	900 004 – 899 999 = 5
3 002 – 2 990 = 12	70 001 – 69 990 = 11	900 004 – 899 900 = 104
3 002 – 2 900 = 102	70 001 – 69 000 = 1 001	900 004 – 890 000 = 10 004

Rechne jeweils nur vier Aufgaben im Kopf. 

Nr.	Aufgabe	Ergebnis	Aufgabe	Ergebnis
1	240 000 + 200 000 =	440 000	328 000 + 100 280 =	428 280
	560 000 + 130 000 =	690 000	364 026 + 478 297 =	
	480 596 + 341 637 =		260 000 + 400 506 =	660 506
2	850 924 – 568 265 =		923 721 – 645 307 =	
	760 000 – 200 000 =	560 000	500 603 – 200 400 =	300 203
	900 000 – 450 000 =	450 000	226 036 – 26 036 =	200 000
3	1 587 + 999 =	2 586	684 797 + 137 566 =	
	4 269 + 857 =		207 412 + 199 999 =	407 411
	5 408 + 997 =	6 405	434 573 + 399 998 =	834 571
4	3 608 – 999 =	2 609	680 305 – 199 998 =	480 307
	8 324 – 846 =		360 206 – 231 648 =	
	6 845 – 998 =	5 847	940 704 – 299 999 =	640 705
5	723 374 – 468 859 =		600 002 – 599 998 =	4
	400 001 – 399 999 =	2	334 872 – 334 869 =	3
	863 148 – 375 260 =		500 001 – 499 996 =	5

Ähnliche Aufgaben

1

·	7	70	700
6	42	420	4 200
60	420	4 200	42 000
600	4 200	42 000	420 000

·	8	80	800
7	56	560	5 600
70	560	5 600	56 000
700	5 600	56 000	560 000

2

8 · 9 = 72
80 · 90 = 7 200
800 · 900 = 720 000

6 · 8 = 48
60 · 80 = 4 800
600 · 800 = 480 000

7 · 9 = 63
70 · 90 = 6 300
700 · 900 = 630 000

3

8 · 4 = 32
80 · 40 = 3 200
800 · 400 = 320 000

9 · 5 = 45
90 · 50 = 4 500
900 · 500 = 450 000

4 · 6 = 24
40 · 60 = 2 400
400 · 600 = 240 000

4

7 · 7 = 49
70 · 70 = 4 900
700 · 700 = 490 000

6 · 9 = 54
60 · 90 = 5 400
600 · 900 = 540 000

8 · 6 = 48
80 · 60 = 4 800
800 · 600 = 480 000

5

5 · 4 = 20
5 · 40 = 200
5 · 400 = 2000

4 · 8 = 32
4 · 80 = 320
4 · 800 = 3200

7 · 9 = 63
7 · 90 = 630
7 · 900 = 6 300

8 · 7 = 56
8 · 70 = 560
8 · 700 = 5600

1

27 : 9 = 3
270 : 9 = 30
2 700 : 9 = 300

42 : 7 = 6
420 : 7 = 60
4 200 : 7 = 600

56 : 8 = 7
560 : 8 = 70
5 600 : 8 = 700

72 : 9 = 8
720 : 9 = 80
7 200 : 9 = 800

2

2 000 : 4 = 500
2 000 : 40 = 50
2 000 : 400 = 5

4 200 : 6 = 700
4 200 : 60 = 70
4 200 : 600 = 7

5 600 : 7 = 800
5 600 : 70 = 80
5 600 : 700 = 8

7 200 : 8 = 900
7 200 : 80 = 90
7 200 : 800 = 9

3

:	6	60	600
3 000	500	50	5
30 000	5 000	500	50
300 000	50 000	5 000	500

:	8	80	800
4 800	600	60	6
48 000	6 000	600	60
480 000	60 000	6 000	600

4

24 : 8 = 3
240 : 80 = 3
2 400 : 800 = 3

54 : 9 = 6
540 : 90 = 6
5 400 : 900 = 6

480 : 6 = 80
4 800 : 60 = 80
48 000 : 600 = 80

6 300 : 9 = 700
63 000 : 90 = 700
630 000 : 900 = 700

5

32 : 8 = 4
320 : 8 = 40
3 200 : 8 = 400

54 : 6 = 9
540 : 6 = 90
5 400 : 6 = 900

49 : 7 = 7
490 : 7 = 70
4 900 : 7 = 700

63 : 7 = 9
630 : 7 = 90
6 300 : 7 = 900

Ähnliche Aufgaben

Kopfrechnen

1

$2 \cdot 400 =$ 800
$2 \cdot 405 =$ 810
$2 \cdot 420 =$ 840

$4 \cdot 500 =$ 2 000
$4 \cdot 504 =$ 2 016
$4 \cdot 520 =$ 2 080

$7 \cdot 600 =$ 4 200
$7 \cdot 605 =$ 4 235
$7 \cdot 610 =$ 4 270

$3 \cdot 500 =$ 1 500
$3 \cdot 504 =$ 1 512
$3 \cdot 530 =$ 1 590

2

$5 \cdot 2\,000 =$ 10 000
$5 \cdot 2\,006 =$ 10 030
$5 \cdot 2\,080 =$ 10 400
$5 \cdot 2\,300 =$ 11 500

$5 \cdot 4\,000 =$ 20 000
$5 \cdot 4\,009 =$ 20 045
$5 \cdot 4\,050 =$ 20 250
$5 \cdot 4\,200 =$ 21 000

$8 \cdot 9\,000 =$ 72 000
$8 \cdot 9\,003 =$ 72 024
$8 \cdot 9\,080 =$ 72 640
$8 \cdot 9\,100 =$ 72 800

3

$2 \cdot 30\,000 =$ 60 000
$2 \cdot 30\,006 =$ 60 012
$2 \cdot 30\,020 =$ 60 040
$2 \cdot 30\,800 =$ 61 600
$2 \cdot 33\,000 =$ 66 000

$9 \cdot 70\,000 =$ 630 000
$9 \cdot 70\,004 =$ 630 036
$9 \cdot 70\,070 =$ 630 630
$9 \cdot 70\,200 =$ 631 800
$9 \cdot 71\,000 =$ 639 000

$3 \cdot 30\,000 =$ 90 000
$3 \cdot 30\,008 =$ 90 024
$3 \cdot 30\,040 =$ 90 120
$3 \cdot 30\,700 =$ 92 100
$3 \cdot 33\,000 =$ 99 000

4

·	800	802	860
5	4 000	4 010	4 300

·	4 000	4 007	4 030	4 100
4	16 000	16 028	16 120	16 400

·	60 000	60 005	60 090	60 400	67 000
5	300 000	300 025	300 450	302 000	335 000

1

400 : 2 = 200
416 : 2 = 208
480 : 2 = 240

3 000 : 6 = 500
3 030 : 6 = 505
3 120 : 6 = 520

600 : 3 = 200
627 : 3 = 209
630 : 3 = 210

4 000 : 5 = 800
4 030 : 5 = 806
4 150 : 5 = 830

2

6 000 : 2 = 3 000
6 014 : 2 = 3 007
6 100 : 2 = 3 050
6 600 : 2 = 3 300

20 000 : 5 = 4 000
20 030 : 5 = 4 006
20 100 : 5 = 4 020
22 000 : 5 = 4 400

9 000 : 3 = 3 000
9 018 : 3 = 3 006
9 210 : 3 = 3 070
9 900 : 3 = 3 300

3

100 000 : 5 = 20 000
100 035 : 5 = 20 007
100 200 : 5 = 20 040
101 000 : 5 = 20 200
120 000 : 5 = 24 000

80 000 : 2 = 40 000
80 016 : 2 = 40 008
80 140 : 2 = 40 070
81 200 : 2 = 40 600
88 000 : 2 = 44 000

200 000 : 4 = 50 000
200 032 : 4 = 50 008
200 360 : 4 = 50 090
200 800 : 4 = 50 200
216 000 : 4 = 54 000

4

:	2
1 000	500
1 006	503
1 100	550

:	4
800	200
824	206
880	220

:	8
40 000	5 000
40 056	5 007
40 240	5 030
43 200	5 400

:	5
300 000	60 000
300 045	60 009
300 100	60 020
304 000	60 800
315 000	63 000

Kopfrechnen

1

$2 \cdot 7\,000 = 14\,000$	$6 \cdot 4\,000 = 24\,000$	$16 \cdot 5\,000 = 80\,000$
$4 \cdot 7\,000 = 28\,000$	$6 \cdot 8\,000 = 48\,000$	$8 \cdot 5\,000 = 40\,000$
$8 \cdot 7\,000 = 56\,000$	$6 \cdot 16\,000 = 96\,000$	$4 \cdot 5\,000 = 20\,000$
$16 \cdot 7\,000 = 112\,000$	$6 \cdot 32\,000 = 192\,000$	$2 \cdot 5\,000 = 10\,000$

2

$4 \cdot 24\,000 = 96\,000$	$3 \cdot 32\,000 = 96\,000$	$16 \cdot 3\,000 = 48\,000$
$4 \cdot 12\,000 = 48\,000$	$6 \cdot 16\,000 = 96\,000$	$8 \cdot 6\,000 = 48\,000$
$4 \cdot 6\,000 = 24\,000$	$12 \cdot 8\,000 = 96\,000$	$4 \cdot 12\,000 = 48\,000$
$4 \cdot 3\,000 = 12\,000$	$24 \cdot 4\,000 = 96\,000$	$2 \cdot 24\,000 = 48\,000$

3

$12\,000 : 3 = 4\,000$	$32\,000 : 2 = 16\,000$	$64\,000 : 4 = 16\,000$
$24\,000 : 3 = 8\,000$	$32\,000 : 4 = 8\,000$	$32\,000 : 4 = 8\,000$
$48\,000 : 3 = 16\,000$	$32\,000 : 8 = 4\,000$	$16\,000 : 4 = 4\,000$
$96\,000 : 3 = 32\,000$	$32\,000 : 16 = 2\,000$	$8\,000 : 4 = 2\,000$

4

$24\,000 : 24 = 1\,000$	$6\,000 : 3 = 2\,000$	$32\,000 : 16 = 2\,000$
$24\,000 : 12 = 2\,000$	$12\,000 : 6 = 2\,000$	$16\,000 : 8 = 2\,000$
$24\,000 : 6 = 4\,000$	$24\,000 : 12 = 2\,000$	$8\,000 : 4 = 2\,000$
$24\,000 : 3 = 8\,000$	$48\,000 : 24 = 2\,000$	$4\,000 : 2 = 2\,000$

1

6 200 →(·10) 62 000 →(:2) 31 000

6 200 →(·5) 31 000

4 860 →(·10) 48 600 →(:2) 24 300

4 860 →(·5) 24 300

Kreuze an.

Anstatt ·5 zu rechnen kann ich auch

- [x] ·10 rechnen und das Ergebnis halbieren.
- [ ] ·10 rechnen und das Ergebnis verdoppeln.

2

5 600 →(:2) 2 800 →(:2) 1 400

5 600 →(:4) 1 400

4 820 →(:2) 2 410 →(:2) 1 205

4 820 →(:4) 1 205

Kreuze an.

Anstatt :4 zu rechnen kann ich auch

- [ ] zweimal verdoppeln.
- [x] zweimal halbieren.

3

3 400 →(·2) 6 800 →(:10) 680

3 400 →(:5) 680

8 430 →(·2) 16 860 →(:10) 1 686

8 430 →(:5) 1 686

Kreuze an.

Anstatt :5 zu rechnen kann ich auch

- [x] verdoppeln und das Ergebnis :10 dividieren.
- [ ] halbieren und das Ergebnis :10 dividieren.

Schriftliche Multiplikation

Start

4	2	5	·	3
	1	2	7	5

1

Start

4	2	1	·	4
	1	6	8	4

Start

3	2	5	·	3
		9	7	5

Start

6	5	1	·	5
	3	2	5	5

Start

8	1	3	·	6
	4	8	7	8

2

6	9	4	·	2
	1	3	8	8

5	1	3	·	3
	1	5	3	9

9	3	0	·	5
	4	6	5	0

1	1	6	·	7
		8	1	2

3	8	2	·	4
	1	5	2	8

3

4	3	6	·	3
	1	3	0	8

6	2	1	·	5
	3	1	0	5

3	1	4	·	6
	1	8	8	4

5	9	2	·	4
	2	3	6	8

6	1	0	·	8
	4	8	8	0

4

8	4	3	·	5
	4	2	1	5

2	1	7	·	4
		8	6	8

5	8	1	·	6
	3	4	8	6

6	1	2	·	8
	4	8	9	6

3	6	3	·	3
	1	0	8	9

5

5	1	6	·	4
	2	0	6	4

7	1	5	·	5
	3	5	7	5

2	6	4	·	5
	1	3	2	0

1	4	1	·	9
	1	2	6	9

2	4	3	·	3
		7	2	9

1

6324 · 2	12648
5210 · 6	31260
1362 · 3	4086
4824 · 2	9648
2172 · 4	8688
3102 · 7	21714
8021 · 5	40105

2

3621 · 4	14484
2373 · 3	7119
6143 · 2	12286
4610 · 6	27660
9701 · 5	48505
8314 · 3	24942
2943 · 2	5886

3

32181 · 3	96543
28014 · 5	140070
93145 · 2	186290
80114 · 6	480684
36210 · 8	289680
59102 · 4	236408
71324 · 3	213972

4

25041 · 5	125205
92231 · 4	368924
34271 · 2	68542
53632 · 3	160896
47312 · 2	94624
50121 · 9	451089
28103 · 6	168618

Schriftliche Multiplikation
mit Zehner- und Hunderterzahlen

5 3 2 · 4 0	2 1 2 8 0
5 3 2 · 4 0 0	2 1 2 8 0 0

Start

1

4 3 2 · 3 0	1 2 9 6 0
3 6 4 · 2 0	7 2 8 0
6 1 2 · 5 0	3 0 6 0 0
5 6 2 · 4 0	2 2 4 8 0

2

2 3 1 · 5 0	1 1 5 5 0
7 4 2 · 6 0	4 4 5 2 0
9 1 0 · 8 0	7 2 8 0 0
5 4 2 · 4 0	2 1 6 8 0
8 3 1 · 8 0	6 6 4 8 0

3

4 5 1 · 7 0	3 1 5 7 0
3 5 3 · 3 0	1 0 5 9 0
7 2 0 · 9 0	6 4 8 0 0
3 5 1 · 6 0	2 1 0 6 0
9 2 1 · 9 0	8 2 8 9 0

4

7 2 6 · 3 0 0	2 1 7 8 0 0
4 5 2 · 4 0 0	1 8 0 8 0 0
8 3 4 · 2 0 0	1 6 6 8 0 0
6 3 1 · 5 0 0	3 1 5 5 0 0
9 6 0 · 9 0 0	8 6 4 0 0 0

5

2 3 1 · 7 0 0	1 6 1 7 0 0
6 4 2 · 5 0 0	3 2 1 0 0 0
8 4 1 · 8 0 0	6 7 2 8 0 0
9 1 3 · 3 0 0	2 7 3 9 0 0
3 4 5 · 6 0 0	2 0 7 0 0 0

Schriftliche Multiplikation
mit zweistelligen Zahlen

Start

6	3	·	2	5
	1	2	6	
+		3	1	5
	1	5	7	5

1

Start

5	3	·	2	6
	1	0	6	
+		3	1	8
	1	3	7	8

Start

8	3	·	1	5
		8	3	
+		4	1	5
	1	2	4	5

Start

2	1	·	5	4
	1	0	5	
+			8	4
	1	1	3	4

2

9	3	·	1	7
		9	3	
+		6	5	1
	1	5	8	1

3	4	·	2	8
		6	8	
+		2	7	2
		9	5	2

1	5	·	6	3
		9	0	
+			4	5
		9	4	5

7	2	·	3	4
	2	1	6	
+		2	8	8
	2	4	4	8

4	2	·	8	1
	3	3	6	
+			4	2
	3	4	0	2

3

5	1	·	4	2
	2	0	4	
+		1	0	2
	2	1	4	2

3	2	·	7	2
	2	2	4	
+			6	4
	2	3	0	4

4	1	·	5	9
	2	0	5	
+		3	6	9
	2	4	1	9

2	3	·	9	1
	2	0	7	
+			2	3
	2	0	9	3

6	5	·	3	3
	1	9	5	
+		1	9	5
	2	1	4	5

1

6	1	3	·	1	4
		6	1	3	
+		2	4	5	2
		8	5	8	2

2	1	3	·	3	9
		6	3	9	
+		1	9	1	7
		8	3	0	7

1	1	4	8	·	5	1
		5	7	4	0	
+			1	1	4	8
		5	8	5	4	8

3	2	0	2	·	9	5
	2	8	8	1	8	
+		1	6	0	1	0
	3	0	4	1	9	0

2

8	0	4	·	2	1
	1	6	0	8	
+			8	0	4
	1	6	8	8	4

5	2	3	·	4	2
	2	0	9	2	
+		1	0	4	6
	2	1	9	6	6

4	2	4	0	·	2	7
		8	4	8	0	
+		2	9	6	8	0
	1	1	4	4	8	0

2	5	6	0	·	3	5
		7	6	8	0	
+		1	2	8	0	0
		8	9	6	0	0

3

1	4	1	·	2	6
		2	8	2	
+			8	4	6
		3	6	6	6

8	5	2	·	1	8
		8	5	2	
+		6	8	1	6
	1	5	3	3	6

2	3	1	0	·	4	4
		9	2	4	0	
+			9	2	4	0
	1	0	1	6	4	0

4	0	6	5	·	5	3
	2	0	3	2	5	
+		1	2	1	9	5
	2	1	5	4	4	5

4

9	4	7	·	4	1
	3	7	8	8	
+			9	4	7
	3	8	8	2	7

7	1	2	·	7	5
	4	9	8	4	
+		3	5	6	0
	5	3	4	0	0

1	8	0	3	·	8	2
	1	4	4	2	4	
+			3	6	0	6
	1	4	7	8	4	6

5	2	5	0	·	3	6
	1	5	7	5	0	
+		3	1	5	0	0
	1	8	9	0	0	0

Überschlage und kreuze an.

1

Aufgabe	Kreuz	Ergebnis
388 · 4 =	X	1 552
		15 552
273 · 6 =		16 638
	X	1 638
689 · 2 =	X	1 378
		13 378
517 · 34 =		1 578
	X	17 578
267 · 76 =		202 292
	X	20 292
934 · 51 =	X	47 634
		4 634
416 · 97 =		4 352
	X	40 352

2

Aufgabe	Kreuz	Ergebnis
3 · 4 390 =	X	13 170
		133 170
5 · 6 037 =	X	30 185
		301 185
9 · 2 701 =		243 309
	X	24 309
83 · 5 204 =	X	431 932
		43 932
68 · 3 830 =		26 440
	X	260 440
43 · 4 087 =	X	175 741
		75 741
25 · 8 367 =	X	209 175
		20 175

3

Aufgabe	Kreuz	Ergebnis
31 308 · 2 =	X	62 616
		626 616
45 304 · 5 =		22 520
	X	226 520
28 785 · 8 =	X	230 280
		23 280
20 642 · 3 =		619 926
	X	61 926
31 661 · 7 =	X	221 627
		22 627
69 018 · 4 =		27 072
	X	276 072
57 932 · 6 =	X	347 592
		34 592

1

$39 \cdot 3 = 117$ | $899 \cdot 2 = 1\,798$ | $9\,999 \cdot 4 = 39\,996$ | $49\,999 \cdot 2 = 99\,998$

$40 \cdot 3 = 120$ | $900 \cdot 2 = 1\,800$ | $10\,000 \cdot 4 = 40\,000$ | $50\,000 \cdot 2 = 100\,000$

$69 \cdot 4 = 276$ | $599 \cdot 6 = 3\,594$ | $4\,999 \cdot 5 = 24\,995$ | $29\,999 \cdot 3 = 89\,997$

$70 \cdot 4 = 280$ | $600 \cdot 6 = 3\,600$ | $5\,000 \cdot 5 = 25\,000$ | $30\,000 \cdot 3 = 90\,000$

2

Kreuze an.

- X $899 \cdot 2$ hat das gleiche Ergebnis wie $900 \cdot 2 - 2$
- X $900 \cdot 2$ kann mir bei der Aufgabe $899 \cdot 2$ helfen.

3

$69 \cdot 7 = 483$ | $399 \cdot 6 = 2\,394$ | $5\,999 \cdot 3 = 17\,997$ | $29\,999 \cdot 5 = 149\,995$

$70 \cdot 7 = 490$ | $400 \cdot 6 = 2\,400$ | $6\,000 \cdot 3 = 18\,000$ | $30\,000 \cdot 5 = 150\,000$

$79 \cdot 8 = 632$ | $199 \cdot 9 = 1\,791$ | $9\,999 \cdot 2 = 19\,998$ | $39\,999 \cdot 4 = 159\,996$

$80 \cdot 8 = 640$ | $200 \cdot 9 = 1\,800$ | $10\,000 \cdot 2 = 20\,000$ | $40\,000 \cdot 4 = 160\,000$

4

·	2	3
29	58	87
299	598	897
2 999	5998	8 997
29 999	59 998	89 997

·	5	8
49	245	392
499	2 495	3 992
4 999	24 995	39 992
49 999	249 995	399 992

Rechne jeweils nur vier Aufgaben im Kopf.

1

3 · 6 050 =	18 150	200 · 800 =	160 000
500 · 40 =	20 000	70 · 5 316 =	✗
90 · 2 367 =	✗	6 · 40 100 =	240 600

2

30 · 600 =	18 000	80 · 3 472 =	✗
5 · 26 849 =	✗	5 · 62 000 =	310 000
4 · 40 003 =	160 012	400 · 700 =	280 000

3

599 · 3 =	1 797	299 · 5 =	1 495
468 · 8 =	✗	837 · 6 =	✗
799 · 4 =	3 196	499 · 7 =	3 493

4

7 588 · 9 =	✗	3 686 · 5 =	✗
4 999 · 6 =	29 994	7 999 · 2 =	15 998
1 999 · 7 =	13 993	2 999 · 8 =	23 992

5

59 999 · 2 =	119 998	69 999 · 3 =	209 997
29 999 · 4 =	119 996	78 516 · 9 =	✗
16 718 · 8 =	✗	39 999 · 6 =	239 994

Kopfrechnen

Schriftliche Division

5	7	2	:	4	=	1	4	3
– 4								
1	7							
– 1	6							
	1	2						
–	1	2						
		0						

Probe:

1	4	3	·	4
		5	7	2

7	4	5	:	5	=	1	4	9
5								
2	4							
2	0							
	4	5						
	4	5						
		0						

Probe:

1	4	9	·	5
		7	4	5

8	1	2	:	7	=	1	1	6
7								
1	1							
	7							
	4	2						
	4	2						
		0						

Probe:

1	1	6	·	7
		8	1	2

9	5	7	:	3	=	3	1	9
9								
0	5							
	3							
	2	7						
	2	7						
		0						

Probe:

3	1	9	·	3
		9	5	7

8	5	8	:	6	=	1	4	3
6								
2	5							
2	4							
	1	8						
	1	8						
		0						

Probe:

1	4	3	·	6
		8	5	8

9	9	2	:	8	=	1	2	4
8								
1	9							
1	6							
	3	2						
	3	2						
		0						

Probe:

1	2	4	·	8
		9	9	2

9	1	3	2	:	4	=	2	2	8	3
8										
1	1									
	8									
	3	3								
	3	2								
		1	2							
		1	2							
			0							

Probe:

2	2	8	3	·	4
		9	1	3	2

6	7	3	5	:	5	=	1	3	4	7
5										
1	7									
1	5									
	2	3								
	2	0								
		3	5							
		3	5							
			0							

Probe:

1	3	4	7	·	5
		6	7	3	5

8	1	8	5	2	:	6	=	1	3	6	4	2
6												
2	1											
1	8											
	3	8										
	3	6										
		2	5									
		2	4									
			1	2								
			1	2								
				0								

Probe:

1	3	6	4	2	·	6
		8	1	8	5	2

9	4	7	1	6	:	3	=	3	1	5	7	2
9												
0	4											
	3											
	1	7										
	1	5										
		2	1									
		2	1									
			0	6								
				6								
				0								

Probe:

3	1	5	7	2	·	3
		9	4	7	1	6

Schriftliche Division

4	3	9	5	:	5	=	8	7	9
− 4	0								
	3	9							
	− 3	5							
		4	5						
		− 4	5						
			0						

Probe:

8	7	9	·	5
	4	3	9	5

5	1	1	8	:	6	=	8	5	3
4	8								
	3	1							
	3	0							
		1	8						
		1	8						
			0						

Probe:

8	5	3	·	6
	5	1	1	8

3	2	5	8	4	:	4	=	8	1	4	6
3	2										
	0	5									
		4									
		1	8								
		1	6								
			2	4							
			2	4							
				0							

Probe:

8	1	4	6	·	4
	3	2	5	8	4

1	1	3	8	4	:	8	=	1	4	2	3
	8										
	3	3									
	3	2									
		1	8								
		1	6								
			2	4							
			2	4							
				0							

Probe:

1	4	2	3	·	8
	1	1	3	8	4

2	7	5	6	7	:	3	=	9	1	8	9
2	7										
	0	5									
		3									
		2	6								
		2	4								
			2	7							
			2	7							
				0							

Probe:

9	1	8	9	·	3
	2	7	5	6	7

1	7	3	4	8	:	2	=	8	6	7	4
1	6										
	1	3									
	1	2									
		1	4								
		1	4								
			0	8							
				8							
				0							

Probe:

8	6	7	4	·	2
	1	7	3	4	8

8	2	2	7	8	:	9	=	9	1	4	2
8	1										
	1	2									
		9									
		3	7								
		3	6								
			1	8							
			1	8							
				0							

Probe:

9	1	4	2	·	9
	8	2	2	7	8

5	6	9	2	4	:	7	=	8	1	3	2
5	6										
	0	9									
		7									
		2	2								
		2	1								
			1	4							
			1	4							
				0							

Probe:

8	1	3	2	·	7
	5	6	9	2	4

7	3	1	3	7	:	3	=	2	4	3	7	9
6												
1	3											
1	2											
	1	1										
		9										
		2	3									
		2	1									
			2	7								
			2	7								
				0								

Probe:

2	4	3	7	9	·	3
		7	3	1	3	7

9	3	4	2	4	:	4	=	2	3	3	5	6
8												
1	3											
1	2											
	1	4										
	1	2										
		2	2									
		2	0									
			2	4								
			2	4								
				0								

Probe:

2	3	3	5	6	·	4
		9	3	4	2	4

5	9	1	4	8	:	6	=	9	8	5	8
5	4										
	5	1									
	4	8									
		3	4								
		3	0								
			4	8							
			4	8							
				0							

Probe:

9	8	5	8	·	6
	5	9	1	4	8

3	2	1	4	5	:	5	=	6	4	2	9
3	0										
	2	1									
	2	0									
		1	4								
		1	0								
			4	5							
			4	5							
				0							

Probe:

6	4	2	9	·	5
	3	2	1	4	5

Überschlage und kreuze an.

1

Aufgabe		
5 215 : 5 =	○	143
	☒	1 043
24 390 : 9 =	☒	2 710
	○	210
8 556 : 6 =	☒	1 426
	○	126
504 : 8 =	○	6
	☒	63
6 305 : 5 =	☒	1 261
	○	161
602 : 7 =	☒	86
	○	866
423 : 3 =	○	14
	☒	141

2

Aufgabe		
3 141 : 3 =	☒	1 047
	○	147
1 428 : 7 =	○	24
	☒	204
32 824 : 8 =	☒	4 103
	○	413
7 938 : 2 =	☒	3 969
	○	369
865 : 5 =	☒	173
	○	1 773
18 126 : 6 =	○	321
	☒	3 021
42 036 : 4 =	☒	10 509
	○	1 509

3

Aufgabe		
69 768 : 2 =	☒	34 884
	○	3 884
812 : 7 =	○	1 116
	☒	116
21 675 : 5 =	☒	4 335
	○	435
882 : 9 =	☒	98
	○	998
91 374 : 3 =	☒	30 458
	○	3 458
684 : 6 =	○	14
	☒	114
2 440 : 8 =	○	35
	☒	305

Achtung Nullen!

4	2	3	6	4	:	7	=	6	0	5	2
− 4	2										
	0	3									
−		0									
		3	6								
	−	3	5								
			1	4							
		−	1	4							
				0							

Probe:

6	0	5	2	·	7
	4	2	3	6	4

9	2	5	2	:	3	=	3	0	8	4	
9											
0	2										
	0										
	2	5									
	2	4									
		1	2								
		1	2								
			0								

Probe:

3	0	8	4	·	3
		9	2	5	2

3	4	2	3	6	:	6	=	5	7	0	6
3	0										
	4	2									
	4	2									
		0	3								
			0								
			3	6							
			3	6							
				0							

Probe:

5	7	0	6	·	6
	3	4	2	3	6

8	3	3	2	:	4	=	2	0	8	3
8										
0	3									
	0									
	3	3								
	3	2								
		1	2							
		1	2							
			0							

Probe:

2	0	8	3	·	4
		8	3	3	2

Achtung Nullen!

6	1	7	8	:	2	=	3	0	8	9
6										
0	1									
	0									
	1	7								
	1	6								
		1	8							
		1	8							
			0							

Probe:

3	0	8	9	·	2
		6	1	7	8

4	2	4	1	6	:	8	=	5	3	0	2
4	0										
	2	4									
	2	4									
		0	1								
			0								
			1	6							
			1	6							
				0							

Probe:

5	3	0	2	·	8
	4	2	4	1	6

5	2	7	5	:	5	=	1	0	5	5
5										
0	2									
	0									
	2	7								
	2	5								
		2	5							
		2	5							
			0							

Probe:

1	0	5	5	·	5
		5	2	7	5

5	9	5	4	2	:	7	=	8	5	0	6
5	6										
	3	5									
	3	5									
		0	4								
			0								
			4	2							
			4	2							
				0							

Probe:

8	5	0	6	·	7
	5	9	5	4	2

⚠ Achtung Nullen! ⚠

4	1	6	5	0	:	7	=	5	9	5	0
– 3	5										
	6	6									
	– 6	3									
		3	5								
		– 3	5								
			0	0							
			–	0							
				0							

Probe:

5	9	5	0	·	7
	4	1	6	5	0

9	4	6	0	:	2	=	4	7	3	0
8										
1	4									
1	4									
	0	6								
		6								
		0	0							
			0							
			0							

Probe:

4	7	3	0	·	2
		9	4	6	0

3	2	6	5	0	:	5	=	6	5	3	0
3	0										
	2	6									
	2	5									
		1	5								
		1	5								
			0	0							
				0							
				0							

Probe:

6	5	3	0	·	5
	3	2	6	5	0

6	5	1	6	0	:	9	=	7	2	4	0
6	3										
	2	1									
	1	8									
		3	6								
		3	6								
			0	0							
				0							
				0							

Probe:

7	2	4	0	·	9
	6	5	1	6	0

⚠ Achtung Nullen! ⚠

3	7	6	8	0	:	4	=	9	4	2	0
3	6										
	1	6									
	1	6									
		0	8								
			8								
			0	0							
				0							
				0							

Probe:

9	4	2	0	·	4
	3	7	6	8	0

2	8	2	0	0	:	3	=	9	4	0	0
2	7										
	1	2									
	1	2									
		0	0								
			0								
			0	0							
				0							
				0							

Probe:

9	4	0	0	·	3
	2	8	2	0	0

8	4	0	7	:	7	=	1	2	0	1
7										
1	4									
1	4									
	0	0								
		0								
		0	7							
			7							
			0							

Probe:

1	2	0	1	·	7
		8	4	0	7

4	2	0	9	6	:	6	=	7	0	1	6
4	2										
	0	0									
		0									
		0	9								
			6								
			3	6							
			3	6							
				0							

Probe:

7	0	1	6	·	6
	4	2	0	9	6

Schriftliche Division
mit Rest

9	8	6	:	8	=	1	2	3	R	2
− 8										
1	8									
− 1	6									
	2	6								
−	2	4								
		2								

Probe:

1	2	3	·	8
		9	8	4

9	8	4	+	2	=	9	8	6

9	4	3	6	:	3	=	3	1	4	5	R	1
9												
0	4											
	3											
	1	3										
	1	2										
		1	6									
		1	5									
			1									

Probe:

3	1	4	5	·	3
		9	4	3	5

9	4	3	5	+	1	=	9	4	3	6

8	7	8	:	7	=	1	2	5	R	3
7										
1	7									
1	4									
	3	8								
	3	5								
		3								

Probe:

1	2	5	·	7
		8	7	5

8	7	5	+	3	=	8	7	8

3	9	2	7	:	5	=	7	8	5	R	2
3	5										
	4	2									
	4	0									
		2	7								
		2	5								
			2								

Probe:

7	8	5	·	5
	3	9	2	5

3	9	2	5	+	2	=	3	9	2	7

8	9	6	:	6	=	1	4	9	R	2
6										
2	9									
2	4									
	5	6								
	5	4								
		2								

Probe:

1	4	9	·	6
		8	9	4

8	9	4	+	2	=	8	9	6

9	4	5	9	:	4	=	2	3	6	4	R	3
8												
1	4											
1	2											
	2	5										
	2	4										
		1	9									
		1	6									
			3									

Probe:

2	3	6	4	·	4
		9	4	5	6

9	4	5	6	+	3	=	9	4	5	9

9	2	6	:	5	=	1	8	5	R	1
5										
4	2									
4	0									
	2	6								
	2	5								
		1								

Probe:

1	8	5	·	5
		9	2	5

9	2	5	+	1	=	9	2	6

2	5	4	9	:	9	=	2	8	3	R	2
1	8										
	7	4									
	7	2									
		2	9								
		2	7								
			2								

Probe:

2	8	3	·	9
	2	5	4	7

2	5	4	7	+	2	=	2	5	4	9

Schriftliche Division
durch zweistellige Zahlen

1

·15	
0 · 15 =	0
1 · 15 =	15
2 · 15 =	30
3 · 15 =	45
4 · 15 =	60
5 · 15 =	75
6 · 15 =	90
7 · 15 =	105
8 · 15 =	120
9 · 15 =	135
10 · 15 =	150

765 : 15 = 51

7	6	5
– 7	5	
	1	5
	– 1	5
		0

Probe:

5	1	·	1	5
		5	1	
		2	5	5
		7	6	5

2

960 : 15 = 64

9	6	0
9	0	
	6	0
	6	0
		0

Probe:

6	4	·	1	5
		6	4	
		3	2	0
		9	6	0

8055 : 15 = 537

8	0	5	5
7	5		
	5	5	
	4	5	
	1	0	5
	1	0	5
			0

Probe:

5	3	7	·	1	5
		5	3	7	
		2	6	8	5
		8	0	5	5

6420 : 15 = 428

6	4	2	0
6	0		
	4	2	
	3	0	
	1	2	0
	1	2	0
			0

Probe:

4	2	8	·	1	5
		4	2	8	
		2	1	4	0
		6	4	2	0

1

0 · 12 =	0
1 · 12 =	12
2 · 12 =	24
3 · 12 =	36
4 · 12 =	48
5 · 12 =	60
6 · 12 =	72
7 · 12 =	84
8 · 12 =	96
9 · 12 =	108
10 · 12 =	120

2

6	2	8	8	:	1	2	=	5	2	4
6	0									
	2	8								
	2	4								
		4	8							
		4	8							
			0							

Probe:

5	2	4	·	1	2
		5	2	4	
		1	0	4	8
		6	2	8	8

4	2	8	4	:	1	2	=	3	5	7
3	6									
	6	8								
	6	0								
		8	4							
		8	4							
			0							

Probe:

3	5	7	·	1	2
		3	5	7	
			7	1	4
		4	2	8	4

1	1	6	4	:	1	2	=	9	7
1	0	8							
		8	4						
		8	4						
			0						

Probe:

9	7	·	1	2
		9	7	
		1	9	4
	1	1	6	4

1	0	5	1	2	:	1	2	=	8	7	6
	9	6									
		9	1								
		8	4								
			7	2							
			7	2							
				0							

Probe:

8	7	6	·	1	2
		8	7	6	
		1	7	5	2
	1	0	5	1	2

1

297 : 3 = 99
300 : 3 = 100

395 : 5 = 79
400 : 5 = 80

3 996 : 4 = 999
4 000 : 4 = 1 000

49 995 : 5 = 9 999
50 000 : 5 = 10 000

196 : 4 = 49
200 : 4 = 50

294 : 6 = 49
300 : 6 = 50

7 998 : 2 = 3 999
8 000 : 2 = 4 000

39 998 : 2 = 19 999
40 000 : 2 = 20 000

2 Kreuze an.

- [x] 297:3 hat das Ergebnis 99.
- [x] 297:3 hat das gleiche Ergebnis wie 300:3−1
- [x] 300:3 kann mir bei der Aufgabe 297:3 helfen.

3

298 : 2 = 149
300 : 2 = 150

891 : 9 = 99
900 : 9 = 100

6 993 : 7 = 999
7 000 : 7 = 1 000

59 994 : 6 = 9 999
60 000 : 6 = 10 000

796 : 4 = 199
800 : 4 = 200

392 : 8 = 49
400 : 8 = 50

1 995 : 5 = 399
2 000 : 5 = 400

9 995 : 5 = 1 999
10 000 : 5 = 2 000

4

:	2
98	49
998	499
9 998	4 999

:	8
792	99
7 992	999
79 992	9 999

:	5
295	59
2 995	599
29 995	5 999

Nachbaraufgaben

Rechne jeweils nur vier Aufgaben im Kopf. 

1

4 000 : 8 =	500	253 280 : 8 =	
9 822 : 6 =		450 000 : 5 =	90 000
2 020 : 5 =	404	120 040 : 4 =	30 010

2

15 876 : 6 =		150 003 : 3 =	50 001
12 000 : 3 =	4 000	498 960 : 70 =	
18 900 : 9 =	2 100	240 000 : 400 =	600

3

198 : 2 =	99	581 : 7 =	
584 : 8 =		495 : 5 =	99
294 : 6 =	49	796 : 4 =	199

4

5 271 : 7 =		7 996 : 4 =	1999
8 997 : 3 =	2 999	8 991 : 9 =	999
3 995 : 5 =	799	4 823 : 7 =	

5

39 996 : 4 =	9 999	84 519 : 3 =	
59 998 : 2 =	29 999	49 995 : 5 =	9999
75 282 : 6 =		39 992 : 8 =	4 999

Finde zuerst die einfachen Paare und rechne geschickt.

1

17 268 +	970 +	30 =	18 268
6 470 +	32 850 +	530 =	39 850
26 900 +	6 400 +	3 600 =	36 900
39 000 +	43 000 +	17 000 =	99 000
74 000 +	68 000 +	26 000 =	168 000

2

23 600 +	6 800 –	800 =	29 600
7 324 +	40 981 –	324 =	47 981
17 900 +	75 300 –	5 300 =	87 900
38 000 +	57 000 –	17 000 =	78 000
72 589 +	20 706 –	2 589 =	90 706

3

Kreuze an.

- [ ] In der Aufgabe 17 268+978+87 ist ein einfaches Paar.
- [x] In der Aufgabe 17 268+970+30 ist ein einfaches Paar.
- [x] Einfache Paare sollten zuerst gerechnet werden.

4

2 ·	786 ·	5 =	7 860
652 ·	4 ·	25 =	65 200
83 ·	200 ·	5 =	83 000
4 ·	76 ·	250 =	76 000
914 ·	50 ·	2 =	91 400

5

97 ·	2 ·	500 =	97 000
250 ·	68 ·	4 =	68 000
5 ·	48 ·	200 =	48 000
127 ·	20 ·	5 =	12 700
25 ·	376 ·	4 =	37 600

6

432 ·	16 :	8 =	864
120 ·	441 :	60 =	882
304 ·	24 :	12 =	608
256 ·	70 :	7 =	2 560
900 ·	73 :	9 =	7 300

Rechenregeln

Klammern werden immer zuerst ausgerechnet.

$4 \cdot (3 + 2) =$
$4 \cdot 5 = 20$

Punktrechnung (· und :) geht vor Strichrechnung (+ und –).

$4 \cdot 3 + 2 =$
$12 + 2 = 14$

Beachte die Rechenregeln.

1

$(6 + 3) \cdot 5 = 45$
$6 + 3 \cdot 5 = 21$

$7 \cdot (8 - 4) = 28$
$7 \cdot 8 - 4 = 52$

$9 \cdot (2 + 8) = 90$
$9 \cdot 2 + 8 = 26$

$(9 - 6) : 3 = 1$
$9 - 6 : 3 = 7$

$8 : (4 - 2) = 4$
$8 : 4 - 2 = 0$

2

$(9 + 6) \cdot 4 = 60$
$9 + 6 \cdot 4 = 33$

$7 \cdot (20 - 10) = 70$
$7 \cdot 20 - 10 = 130$

$(80 + 320) : 8 = 50$
$80 + 320 : 8 = 120$

$55 : (5 + 6) = 5$
$55 : 5 + 6 = 17$

$(290 - 90) \cdot 3 = 600$
$290 - 90 \cdot 3 = 20$

3

$(40 + 7) \cdot 5 = 235$
$40 \cdot 5 + 7 \cdot 5 = 235$

$(400 + 16) : 8 = 52$
$400 : 8 + 16 : 8 = 52$

$(30 + 3) \cdot 6 = 198$
$30 \cdot 6 + 3 \cdot 6 = 198$

$(200 - 2) : 2 = 99$
$200 : 2 - 2 : 2 = 99$

$3 \cdot (20 - 1) = 57$
$3 \cdot 20 - 3 \cdot 1 = 57$

Überschlagen

Überschlage und kreuze an.

1

5 308 + 2 174 =
- [x] 7 482
- [ ] 8 482

47 660 + 18 132 =
- [ ] 55 792
- [x] 65 792

305 419 + 287 087 =
- [x] 592 506
- [ ] 692 506

2

8 341 − 3 280 =
- [ ] 4 061
- [x] 5 061

62 367 − 47 505 =
- [x] 14 862
- [ ] 24 862

816 590 − 589 007 =
- [x] 227 583
- [ ] 327 583

3

80 347 · 5 =
- [ ] 40 735
- [x] 401 735

37 · 2 090 =
- [x] 77 330
- [ ] 773 330

408 · 613 =
- [ ] 25 104
- [x] 250 104

4

8 972 : 2 =
- [x] 4 486
- [ ] 486

679 : 7 =
- [x] 97
- [ ] 997

17 024 : 4 =
- [ ] 456
- [x] 4 256

Rechne jeweils nur vier Aufgaben im Kopf. 

1

299 · 2 =	598	53 174 · 7 =	
3 485 · 6 =		19 999 · 5 =	99 995
4 999 · 4 =	19 996	29 999 · 3 =	89 997

2

3 245 + 1 998 =	5 243	42 803 + 29 999 =	72 802
43 511 + 39 999 =	83 510	383 547 + 467 058 =	
68 527 + 27 645 =		607 104 + 199 998 =	807 102

3

62 540 + 9 100 + 900 =	72 540	57 466 + 8 528 − 976 =	
38 549 + 4 628 + 764 =		23 680 + 3 732 − 732 =	26 680
49 600 + 7 834 + 400 =	57 834	85 345 + 876 − 345 =	85 876

4

6 001 − 5 999 =	2	300 001 − 299 998 =	3
3 124 − 1 487 =		902 042 − 437 368 =	
40 626 − 40 622 =	4	760 247 − 760 242 =	5

5

1 998 : 2 =	999	59 997 : 3 =	19 999
9 995 : 5 =	1 999	85 203 : 9 =	
8 246 : 7 =		19 996 : 4 =	4 999

1

	HM	ZM	M	HT	ZT	T	H	Z	E
zwei Millionen achttausend			2	0	0	8	0	0	0
vier Millionen dreitausend			4	0	0	3	0	0	0
einundfünfzig Millionen		5	1	0	0	0	0	0	0
dreißig Millionen eins		3	0	0	0	0	0	0	1
achthundert Millionen sechshunderttausend	8	0	0	6	0	0	0	0	0

2

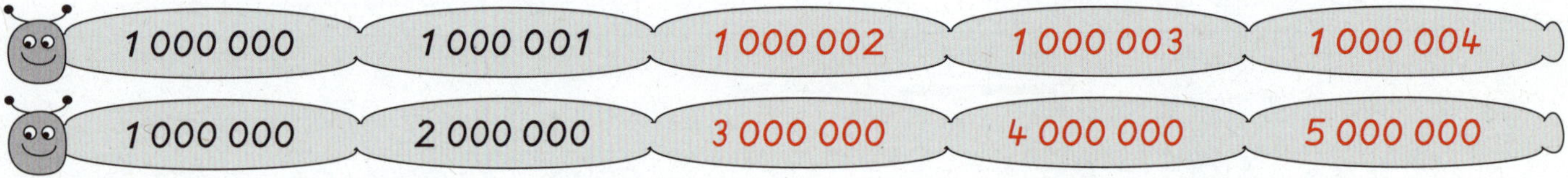

3 Verbinde.

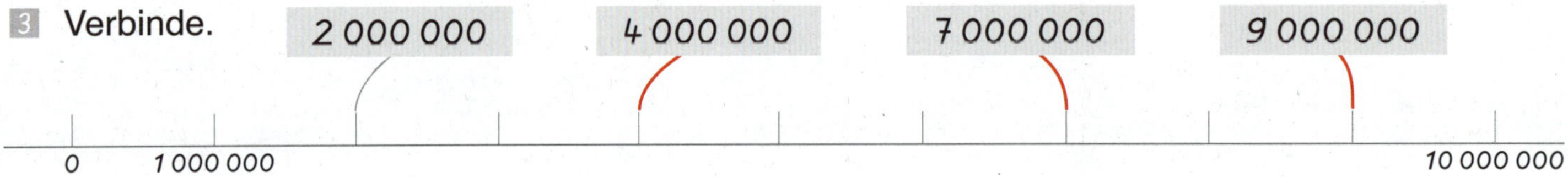

4

	2	5	1	4	0	3	5	2	3	5	1	9	0	8	3	1	4	6	3	0	2	7	0	4	3	2	0	1
+	1	6	2	0	8	1	5	7	6	2	7	0	9	4	1	4	0	2	3	2	6	0	9	4	2	5	7	3
	1					1					1	1	1															
	4	1	3	4	8	5	0	9	9	7	9	0	0	2	4	5	4	8	6	2	8	7	9	8	5	7	7	4